SINO-WISDOM
信睿企管 传播 经营智慧

U0733851

不懂激励员工，
怎么做管理

水藏玺◎著

中国纺织出版社有限公司

国家一级出版社
全国百佳图书出版单位

内 容 提 要

德鲁克曾经说过：当员工缺少努力的诱因时，一个最大的可能就是员工看不到或者看不清他们的努力与绩效评估和所受到的奖励之间的关系。

作为带领员工实现组织目标的各级管理者，必须学会利用各种激励手段，不断创造各种诱因，使员工始终保持努力工作的激情。作者结合自己近20年的咨询经历，从员工激励理论、员工激励手段（物质激励、成长激励、精神激励）、员工激励方法、员工激励最佳实践、员工激励管理等维度，系统阐述了如何引导、保持和规范团队成员的行为，让员工更敬业、更忠诚、更富有激情，促进组织目标的顺利实现。

图书在版编目（CIP）数据

不懂激励员工，怎么做管理 / 水藏玺著 . – –北京：中国纺织出版社有限公司，2021.1

ISBN 978-7-5180-7866-0

Ⅰ . ①不… Ⅱ . ①水… Ⅲ . ①企业管理－人事管理

Ⅳ . ① F272.92

中国版本图书馆 CIP 数据核字（2020）第 171230 号

策划编辑：向连英   责任校对：高 涵   责任印制：储志伟

中国纺织出版社有限公司出版发行

地址：北京市朝阳区百子湾东里A407号楼   邮政编码：100124

销售电话：010－67004422   传真：010－87155801

http://www.c-textilep.com

中国纺织出版社天猫旗舰店

官方微博 http://weibo.com/2119887771

天津千鹤文化传播有限公司印刷   各地新华书店经销

2021年1月第 1 版第 1 次印刷

开本：710×1000   1/16   印张：13

字数：189千字   定价：49.80元

凡购本书，如有缺页、倒页、脱页，由本社图书营销中心调换

　　2019 年我和中国纺织出版社有限公司合作，先后出版了《不懂解决问题，怎么做管理》《不懂流程再造，怎么做管理》，这两本书出版之后，在读者群中引起了很大的反响，很多读者朋友来电、来信说这两本书给大家耳目一新的感觉，让大家对管理、管理者以及如何实施管理有了更全面的理解，但同时又觉得还不过瘾，大家建议我能按照这种思路出版一整套集理念、方法与实战于一体的书，让读者更加全面、系统地了解管理。

　　虽然企业之间存在行业跨度、地域文化、产品类型、价值链选择、生命周期阶段等差异，但从管理的角度来看还是存在很多的共同之处，因为万变不离其宗——企业经营的本质是一样的，企业期望通过管理追求运营效率最大化的诉求是一样的，正是基于此，我打算从解决问题、流程再造、员工激励、组织再造、带领团队、经营计划、财务报表、时间规划等涉及"管理三叶草"（管人、管事、管组织）的各个维度进行策划和出版一套《不懂×××，怎么做管理》丛书，与广大读者朋友一起探究管理的真谛，推动中国企业做强、做大。

　　从表面上来看，企业激励员工的目的是为了达成总体的经营目标，同时体现"多劳多得""绩优者多得""贡献大者多得""同创共享"的价值分配理念，但本质上是为了让员工自己"跑"。就如本人的拙作《吹口哨的黄牛：以薪酬留住人才》一书中提到的，黄牛代表勤勤恳恳干活的员工，黄牛在拉犁耕地的时候还吹着口哨，证明黄牛的心情是愉悦的，虽然拉犁耕地在别人眼里是件苦差事，但在黄牛心目中却是一件极其有意义的事情。如何才能做到这样，除了黄牛自己认为拉犁耕地是为了证明自己价值之外，对黄牛的激励也是至关重要的。

谈到激励员工，首先我们要明白激励的本质就是抓住员工的心。不论是物质层面的激励、精神层面的激励，还是成长与发展层面的激励，如果抓不住"员工的心"，所有的激励措施都会显得苍白无力，虽然企业做了很多工作，花了很多金钱，费了很多心思，但员工并不买账。

这样的现象在企业中司空见惯：

记得我曾经去过一家企业，该企业在中秋节给员工发月饼，两名员工发一盒，月饼名字叫作七星伴月，也就是说一盒月饼中有七个小月饼，中间还有一个大月饼，结果有两位员工为了分配月饼打了起来。

还有一家企业为了从职位发展层面激励研发人员，专门设立了"技术员——助理工程师——工程师——主任工程师——高级工程师——首席专家"六级发展通路，由于没有明确的岗位任职标准及晋升规则，几年下来居然在公司三十多人的研发团队中出现了近二十名首席专家，最后大家反而觉得看似高大上的"首席专家"变得分文不值，失去了激励的意义。

另外一家企业的老板是一个性情中人，喜欢随性管理。有一天他下半夜去公司视察工作，发现有一位保安在零下十多度的大门口坚持站岗，这位老板觉得这位保安执行力很强，可以作为公司其他员工学习的榜样，就临时决定给这位员工加薪 2000 元 / 月，并在不到半年的时间把这名员工从保安岗位先后提拔为安保部经理、总裁助理、副总裁，这位员工的工资也像过山车似的从 3500 元 / 月一路飙升为 12000 元 / 月，由于没有受过专业的训练和缺乏带团队的经验，在做了 3 个月副总裁之后被免职了，这位员工也因此辞职了。但这位员工辞职后居然半年都找不到工作，原因他是按照副总裁的职位和 12000 元 / 月的薪酬标准去找工作的。

再如有家企业鼓励员工通过自学提升自己，公司专门发文规定：但凡通过自学拿到国家本科学历证书的员工都会获得 10000 元的奖金。鼓励员工提升自己本是一件好事情，但这家企业又规定这笔奖金分 5 年按月发放，每月 166.7 元，如果中途员工离职，前期发放的奖金则全额扣回。试想一下，如果你是这家企业的员工，你会怎样想？

以上几家企业的初衷都是好的，但结果完全没有达到预期，主要的原因就是没有抓住员工的心。

本书从员工激励理论、员工激励手段（物质激励、成长激励、精神激励）、员工激励方法、员工激励最佳实践、员工激励管理等维度，结合作者近二十年的咨询经历系统阐述如何抓住员工的心，期望对广大读者朋友带来全新的体验。

书中的案例绝大多数来自于信睿咨询过去 20 年辅导的近 1200 家一线企业，也是信睿咨询顾问团队智慧的结晶，在本书出版之际对信睿咨询的客户及顾问致以谢意。

另外，中国纺织出版社有限公司的向连英女士是我多年来一直合作的责任编辑，她的睿智、认真以及对工作的一丝不苟，对本套书的策划和编辑付出了大量的心血，在此也一并表示感谢。

最后我还要感谢我的家人，由于工作原因，长期、频繁出差在所难免，很少有时间好好陪在家人身边，在此也谢谢家人的鼎力支持、无私奉献和默默付出。

当然，由于个人能力、学识与资历所限，疏漏之处在所难免，恳请广大企业家、同行、读者朋友不吝批评与指正，我愿与大家共同成长，推动中国企业通过完善和健全激励体系，让员工更敬业、更忠诚、更富有激情，帮助企业做大、做强。

如有任何疑惑或不同的观点，可以直接来信与我联系，期待着与大家交流，我的电话：13713696644，电子邮箱：sacaxa@163.com，微信：shuicangxi。

水藏玺

2020 年元旦于重庆

目　录
contents

第一部分　激励认知篇

第一章　为什么要激励员工 …………………………………… 002
一、什么是激励 ……………………………………………… 003
二、形形色色的激励 ………………………………………… 011
三、激励的本质是对人性的把握 …………………………… 016
四、常见的激励理论 ………………………………………… 019
五、员工激励基本原则 ……………………………………… 024

第二部分　物质激励篇

第二章　薪酬激励 ………………………………………………… 030
一、全面认识薪酬激励 ……………………………………… 031
二、薪酬激励的核心 ………………………………………… 035
三、薪酬激励体系设计 ……………………………………… 038
四、薪酬激励体系管理 ……………………………………… 048

第三章　福利激励 050

一、解除员工后顾之忧 051

二、福利激励体系设计 057

三、企业福利发展趋势 061

四、福利让员工更忠心 063

第四章　股权激励 064

一、给员工一个"金手铐" 065

二、常见的股权激励模式 068

三、股权激励体系设计 070

四、员工股权激励管理 086

第三部分　成长激励篇

第五章　发展激励 088

一、员工发展激励核心 089

二、员工发展激励体系设计 092

三、员工发展激励管理 109

第六章　授权激励 110

一、授权激励的核心 111

二、授权激励体系设计 115

三、授权激励管理 120

第七章　事业激励 123

一、事业激励核心 124

二、事业激励体系设计 127

三、事业激励体系管理 131

第四部分　精神激励篇

第八章　愿景激励 ·· 138

一、给员工一个美好的梦 ···································· 139

二、愿景激励体系设计 ······································ 145

三、愿景激励管理 ·· 153

第九章　目标激励 ·· 154

一、目标激励的核心 ·· 155

二、目标激励体系设计 ······································ 161

三、目标激励体系管理 ······································ 172

第十章　情感激励 ·· 176

一、情感激励的核心 ·· 177

二、情感激励常见方法 ······································ 182

三、情感激励管理 ·· 187

参考文献 ·· 189

后　记 ·· 191

附　录 ·· 194

第一部分 PART ONE

激励认知篇

什么是激励？激励就是给他需要的，就是让员工人尽其才，充分发挥员工的潜能。

——彼得·德鲁克

人需要保持分配上的公平感，只有产生公平感时才会心情舒畅，努力工作；而在产生不公平感时会满腔怨气，甚至放弃工作，破坏生产。

——公平理论创始人 斯塔西·亚当斯

如果你在前头耕犁，后头有人吆喝，你肯定无法忍受这种工作方式。你无法忍受别人站在一旁，对你的工作指手画脚。正确的做法应该是走上前，欢迎你的员工，比如灿烂的微笑，我相信这样一切都会进行得很顺利。

——迪斯尼大学总务长 沙恩·哈伍德

任何东西，甚至最先进的科技也无法与满怀热情、齐心协力朝着共同目标奋进的团队相比。一支军队、一家公司、一个国家都是如此。人们在共同理想的激励下，一旦拥有了实现这一目标的力量和手段，这些人就不可阻挡，无往而不胜。

——摘自《联合技术公司管理手册》

谈到激励员工，首先我们要明白激励的本质就是抓住员工的心。不论是物质层面的激励、成长层面的激励，还是精神层面的激励，如果抓不住"员工的心"，所有的激励措施都会显得苍白无力。

——本书作者

第一章
为什么要激励员工

一、什么是激励

二、形形色色的激励

三、激励的本质是对人性的把握

四、常见的激励理论

五、员工激励基本原则

一、什么是激励

什么是激励？为什么要激励员工？如何激励员工？激励员工有哪些有效的手段和方法？除了涨工资、发奖金之外，还有哪些激励方法？如何采取不同的方法激励不同类型的员工？有没有一劳永逸的激励模式？……估计以上问题是每位企业老板和管理者都在苦恼并想解决的问题。

1.什么是激励

在管理学中，激励是指组织通过设计适当的薪酬模式、提供合适的工作环境，并以一定的行为规范和惩罚性措施，借助信息沟通手段，来激发、引导、保持和规范组织成员的行为，以有效促进实现组织及其个人目标的过程。

管理大师彼得·德鲁克也曾经说过：什么是激励？激励就是给他需要的，就是让员工人尽其才，充分发挥员工的潜能。

华南理工大学的陈春花教授指出：激励的主要方向是满足员工的需求。激励不是交易，激励需要用心换心。能够把所有激励的措施用好，就会有团队、有伙伴、有人跟你长期同行。另外，她还指出，只是简单动用激励措施可能没有太多效果，激励一定要有创意。即使用股权激励员工，也要有一些创意放进去。因为有了创意的时候，激励措施才会有比较好的效果。

公平理论创始人斯塔西·亚当斯说：人需要保持分配上的公平感，只有产生公平感时才会心情舒畅，努力工作；而在产生不公平感时会满腔怨气，甚至放弃工作，破坏生产。

期望理论创始人维克托·弗鲁姆提出：工作动力 = 效价 × 期望值。其中，工作动力是指一个人积极性的强度，效价是指对某一个成果的偏好程度，而期望值是指因采取某个行动可能导致实现其所求目标的概率。可见效价和期望值是调动员工积极性，决定激励效果的关键因素。

需求层次理论创始人亚伯拉罕·马斯洛提出，人的需求从低到高依次为生理需求、安全需求、社交需求、尊重需求、自我实现需求，当然马斯洛也指出并不是每个人的需求都是从低到高不可逆或者必须递进，人的需求可以有多重，只有挖掘每个人的具体需求并最大化满足其需求才能起到真正的激励作用。

美国心理学家、管理理论家、行为科学家、双因素理论创始人赫茨伯格通过实际调查抽样得出保健因素和激励因素对员工工作态度的影响是不同的，因此企业必须对保健因素和激励因素加以区分，进而通过对激励因素的改变，提升员工工作积极性。

在现代人力资源管理体系中，激励也是人力资源管理的核心职能，现代人力资源管理体系中的目标与绩效管理、薪酬激励体系、奖金体系、福利体系、股权激励（如期权、期股、股权、合伙人计划）、企业文化、员工关怀、员工满意度测量与提升、职位族规划、职业生涯规划与职业发展辅导、职业发展通路设计、企业大学与员工培训、充分授权等都与员工激励密切相关。

综上所述，我们可以发现：

（1）对于任何一个管理者而言，激励是一项非常重要的事情，激励的核心是给员工想要的，激励的终极目的就是要激发员工潜能，让员工自己"跑"。

（2）激励与员工的偏好和期望有关系，同样的激励手段，针对不同的员工，激励效果可能差异很大。期望理论告诉我们，员工工作动力的大小与员工的个人偏好、期望值有直接的关系。

（3）不同员工的激励需求不同，即便是同一个员工的激励需求也是多元的。正如马斯洛需求层次理论提到的，人的需求从低到高依次为生理需求、安全需求、社交需求、尊重需求、自我实现需求，同一个人在同一时间的需求也是多样的。

（4）激励员工的手段可以分为保健因素，也可以分为激励因素。保健因素会导致员工不满意，而激励因素才会对员工产生真正的激励作用。因此，企业在满足保健因素的基本需求后，需要将更多的精力和资源投入到激励因素的改善。

（5）激励的手段和措施有很多，有物质层面的、成长层面的，也有精神层面的，需要针对不同的激励对象有创造性地进行设计。

（6）激励一定要保持公平感，员工一旦觉得激励有失公平，那么激励效果就会大打折扣。但这里所谓的公平不是简单地实行平均主义，而是与员工所处岗位、员工的付出、员工能力的大小、员工资历深浅、员工绩效好坏有直接的关系。

（7）激励不仅仅是现代企业人力资源管理的核心工作之一，而且是每位管理者都必须掌握的一项基本技能，因为管理者是通过协调他人实现组织目标的人，激励是非常重要的有效协调的手段和方法。

（8）激励员工并不是像出台几个激励制度那么简单，激励员工需要因人而异、因时而异、因事而异，做到随时随地、随人随事！

2. 为什么要激励员工

企业求生存、求发展，其基本条件和根本目的是实现利润最大化，所有的工作必然要紧紧围绕实现企业的这一经营目标来展开和进行。在实现生存和发展战略目标的过程中，企业管理绝对离不开对全体员工奋斗精神的激励。有效的激励，对企业经营目标的实现具有十分重要的意义和作用。

在激励员工的过程中，企业必须明确一个道理：激励奋斗精神，必先激励奋斗动机。什么意思呢？激励员工奋斗必须调动员工工作的积极性，工作积极性是指员工的工作努力程度，是对行为和任务的自觉、主动、创造的表现，也包含对工作的兴趣，任务的理解和认识、意志、情感等因素。只有通过各种手段先充分调动员工的工作积极性，从而使员工产生奋斗动机，进而保持持久的奋斗精神。

激励员工的目的有很多，消除员工抱怨情绪、消除员工惰怠行为、激发员工潜能、提升员工创造力、提高企业凝聚力、顺利实现企业经营目标……如图1-1所示。

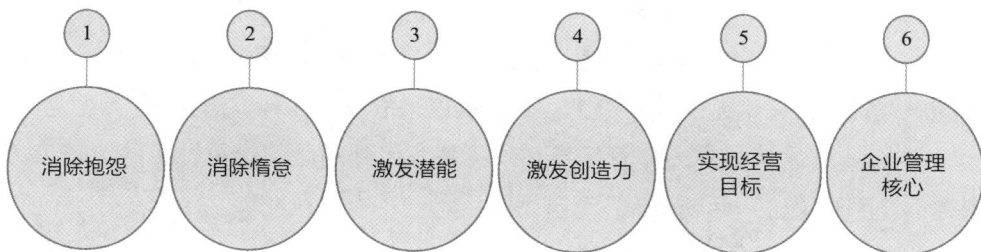

图1-1 激励员工的目的

（1）激励员工是为了消除抱怨。我们不得不承认这样一个现实：在企业内部总会有一些员工的工作状态与企业的期望相距甚远，总会有一些员工常常发出"我工资低，付出与收获不成正比啊！""你工资高，你去干吧！""我在公司都待了快10年了，为什么升职、加薪总是没有我的份啊？""为什么别人都不如我，但公司反而提拔他呢？""我这么高的职位，什么权力都没有。""在公司干了这么多年，工资不见涨，职位也不见升，憋屈啊！"……诸如此类的抱怨，那么对于这样一个既普遍又不可避免的现象，作为管理者到底该怎样认识和解决呢？我们认为，要想消除员工抱怨，就要从认识和理解员工的抱怨开始，并针对抱怨有的放矢地设计和优化企业的激励体系，只有这样才能有效激励员工努力工作。

（2）激励员工是为了消除员工的惰怠行为。抱怨仅仅是员工不满的表象，更可怕的是由此而引起的员工敬业度降低，甚至出现惰怠行为。根据盖洛普公司曾经给出的调查结果，全球只有13%的员工具有极强的敬业精神，也就是讲有87%的员工的敬业精神存在问题，因此造成了员工怠工行为随处可见，办公室、生产车间，甚至食堂，员工怠工的行为比比皆是。

美国科学管理之父泰勒在《科学管理原理》一书中引用1903年美国机械工程师协会一篇题为《工厂管理》文章的部分内容，他指出：员工"磨洋工"有两个原因，其一，人的天性使然，每个人都想轻松，每个人都期望"钱多、事少、离家近""权高、位重、担子轻""数钱数到手抽筋"的工作，泰勒把这种称为"本性磨洋工"；其二，由于人与人错综复杂的关系而造成的重重顾虑而引起的，比如"怕得罪人""多一事不如少一事""各扫自家门前雪""你有本事你干""反正不是我的事""这是其他部门的问题"等，泰勒把这种称为"故意磨洋工"。但不论是对本性磨洋工，还是对故意磨洋工，企业都需要加以重视。

为了消除员工怠工行为，美国人力资源专家大卫·哈德在《正向激励：突破性的痛点式激励方案》一书中指出，企业可以采取以下几种方法：

① 企业首席执行官或分管领导必须清楚意识到问题的严重性，并要求人力资源部着手解决这一问题。

② 人力资源部启动员工敬业计划。

③ 在员工内部进行民意调查，发现员工存在的问题；及时加以总结，并分享和反馈。

④ 针对调查结果，从各级管理者开始帮助员工消除怠工心态。

华为在对管理干部行为分析的基础上，总结出了18种典型的惰怠行为：安于现状，不思进取；明哲保身，怕得罪人；唯上，以领导为核心，不以客户为中心；推卸责任，遇到问题不找自己的原因，只找周边原因；发现问题不找根本原因，头痛医头脚痛医脚；只顾个人利益或部门局部利益，没有整体利益意识；不敢"淘汰惰怠员工"，不敢拉开差距，搞"平均主义"；经常抱怨流程有问题，却从来不推动改进；不敢接受新挑战，不愿意离开舒适区；不敢为被冤枉的员工说话；只做二传手，不做过滤器；热衷于讨论存在的问题，从不去解决问题；只顾指标，不顾目标；把成绩透支在本任期，把问题留给下一任；只报喜不报忧，不敢暴露问题；不开放进取，不主动学习，业务能力下降；不敢决策，不担责，把责任推给公司；只对过程负责，不对结果负责。根据以上惰怠行为，华为要求每位管理者必须逐条对照加以改善，并将改善结果与绩效考核、薪酬激励体系挂钩。

可见，为了提高员工敬业精神，消除员工惰怠行为，采取必要的激励手段也是必不可少的。

（3）激励员工是为了激发员工潜能。哈佛大学威廉·詹姆斯教授研究发现，按时计酬的员工一般仅发挥 20% ～ 30% 的能力，即可保住位子而不被解雇。如果员工受到充分激励，可以发挥 80% ～ 90% 的能力，甚至更高，其中近 60% 的差距因激励的作用所致，这一定量的分析不能不使人感到吃惊。我们试想一下，如果企业内部每位员工的能力都能发挥到 80% ～ 90%，那么企业的运营效率、经营结果将会发生多大的变化啊！

无独有偶，《哈佛商业周刊》的调查数据表明：员工满意度每提高 3 个百分点，可以使企业员工流失率降低 5%，运作成本降低 10%，劳动生产率提高 25% ～ 60%。

（4）激励员工是为了激发员工创造力。不可否认，一个人只有在被充分激励的前提下才会迸发出无穷的想象力和创造力，企业的发展需要无数具有创造力的人去推动。

（5）激励员工是为了顺利实现企业经营目标。不论是战略目标，还是年度经营目标，企业任何目标的实现都需要全体员工齐心协力、兢兢业业，而实现这一目标则需要企业建立完善的员工激励体系。

（6）激励员工是企业管理的核心。管理的最大课题就是"怎样和人打交道"。管理的本质是处理人际关系，其核心是激励下属。激励员工奋斗能够起到激发员工精神力量的作用，并且引导行为指向目标。在日常管理工作中，激励被视为重要方法，目的就在于结合人力，运用技术，达到既能统一员工意志，又确保员工心情舒畅，从而确保组织目标的实现。

总之，管理既是科学又是艺术。管理是科学，要求管理者建立一套完善的员工激励体系；管理又是艺术，而激励员工努力打拼则是艺术中的艺术，因为针对不同员工的激励手段和方法是不同的。不懂激励的领导就是没有艺术的领导，没有激励的管理就是没有艺术的管理。因此，管理者应该知道"激励员工"的丰富内涵，更应明确"激励员工"的巨大作用，我们将其概括为"激励员工是企业持续保持竞争优势的生命线"。

3. 什么样的工作可以激励员工

人力资源管理的最高境界就是将合适的员工放在合适的位置，让其发挥最大的价值。这句话说起来容易，做起来其实很难！要想解决这个问题，我们先要了解哪些工作会让员工努力工作，发挥其价值。图1-2所示是员工激励原动力。

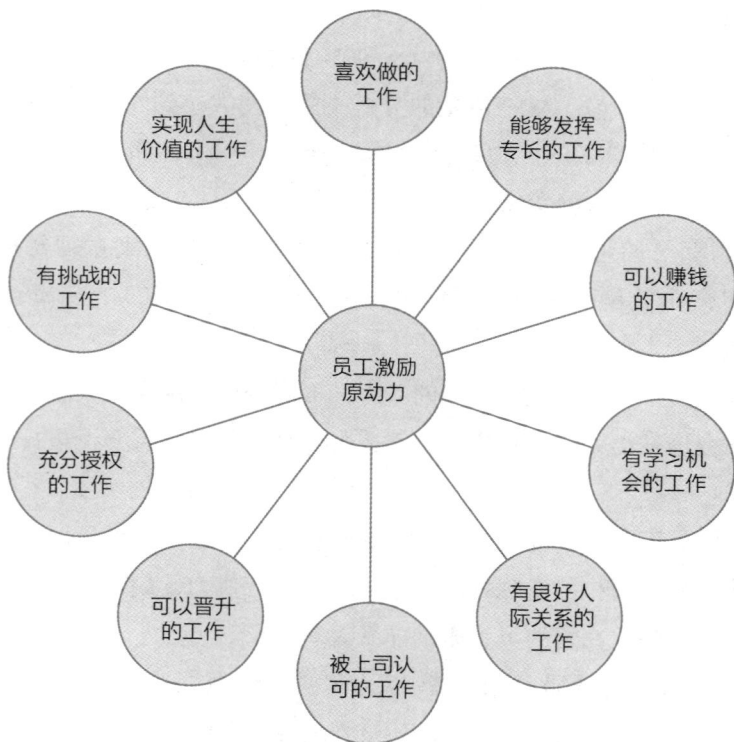

图1-2 员工激励原动力

（1）员工喜欢做的工作。"兴趣是最好的老师！"这是一句最常见的话了。"假如给我做自己喜欢的工作，工作效率一定可以增加"，有些员工也经常这样说。是的，只要是员工喜欢的工作，他一定会全力以赴，正所谓"我喜欢，我选择"。毕竟，由于是自己喜欢的，感兴趣的，所以学起来很容易，非但进步神速，同时也会富有激情和创意。

在本人的拙作《把自己打造成团队不可或缺的 A 级选手》中曾经提到，对于自己喜欢做的事情，员工更容易做到120分的标准，并长年累月坚持这种做法，当然，需要说明的是员工喜欢的事并不是一成不变的。

另外，美国的安妮·布鲁斯和詹姆斯·S. 伯比顿在《员工激励》中提到：工作不是我们为了生存而付出的代价。恰恰相反，是我们生活中充满乐趣的一部分，我们每天应该做我们喜欢的事。

（2）能够发挥专长的工作。尺有所短，寸有所长。每个人都有自己的优势，缺少的只是发现，只要给员工提供合适的舞台，每一位员工都能跳出绚丽的华尔兹。企业管理者可以从员工的天赋、性格、品格、技能、经验、资源等方面去帮助员工发展自己的优势。因此，能够体现员工特长及能力的工作，使员工获得上司的赏识，确实能够使员工更加努力工作。这是人性里"实现自我"的表现欲望的体现，管理者对此应有清醒的理解。

（3）可以赚钱的工作。赚钱是一个人赖以生存所必需的，也就是需求层次理论提到的一个人为了满足吃饭、穿衣、住宅、医疗等基本生存需求他必须努力工作去赚钱。在实际工作中赚钱的多少是由一个人为企业、为社会创造的价值大小所决定的。

（4）有学习机会的工作。活到老，学到老；读万卷书不如行万里路，行万里路不如阅人无数……这些道理都告诉我们学习的重要性，如果一个人有强烈的学习意愿和成长动力，他便可以做到废寝忘食地投入工作。

（5）有良好人际关系的工作。马斯洛需求层次理论告诉我们，一个人渴望得到家庭、团队、朋友、同事的关怀、爱护和理解，这是一个人对爱情、友情、信任、温暖的需要。有一个幸福美满的家庭，家人相互关爱；有一帮朋友一起做自己喜欢并能够创造价值的事情，是很多人梦寐以求的。

（6）被上司认可的工作。士为知己者死，女为悦己者容。每个人都渴望被伯乐发现，并为认可自己的上司、事业努力工作。

（7）可以晋升的工作。无论哪一家公司，都会提供一些可易于晋升的工作给员工，若员工得到这种工作，就必然更具工作热诚，更加愿意为该工作而奋斗了。其实，在很多公司员工升职的机会并不多，一旦给员工提供了这样有升职潜力的工作，他们的积极性自然被提起来了，奋斗自然不在话下。

（8）充分授权，能够充分施展才华的工作。正如前文迪斯尼大学总务长沙恩·哈伍德说的：如果你在前头耕犁，后头有人吆喝，你肯定无法忍受这种工作方式。你无法忍受别人站在一旁，对你的工作指手画脚。是的，如果一个员工的工作时时刻刻受到监控，员工肯定会觉得不舒服，正确的做法应该是在明确员工工作目标和职责的前提下给员工充分授权。

（9）有挑战的工作。并不是所有人都喜欢安逸，有些人天生就喜欢接受挑战，喜欢做自己之前从未做过的事情，有挑战的工作会让人更加努力、更加投入，看来给员工安排一些看似有挑战的工作也会激发员工工作激情。

（10）实现人生价值的工作。除了赚钱，每位员工还会有其他的追求，比如被尊重、被关怀、被认可等，因为实现自己的人生价值比赚钱更重要。因此如果给员工一份既能赚钱，又能实现人生价值的工作，对员工来说是一件多么幸福的事情啊！

4. 什么样的管理者更容易激励员工

管理者就是通过协调他人实现组织目标的人，因此管理者一定要明白激励员工的重要性，也一定要清楚自己需要具备什么条件才能激励员工为组织目标奋斗。

经过多种调查研究与心理分析显示，通常有以下几种特征的管理者比较能够吸引并激励员工：

以身作则；具有极强的责任感；对工作有丰富经验；具有优秀工作技能；具有专业知识；具有高超判断力；能适当教导他人；充满才能，能展望将来；能经常关怀下属；能真诚与下属商量；能考虑并关心下属的成长；能当面纠正下属的过失；充满正能量；公私分明；富决断力与执行力；公平对待下属；善解人意；尊重员工，能让员工发挥特长等。

5. 什么样的手段可以激励员工

激励员工的手段有很多，本书归结为三类，分别为物质激励、成长激励、精神激励，如图1-3所示。

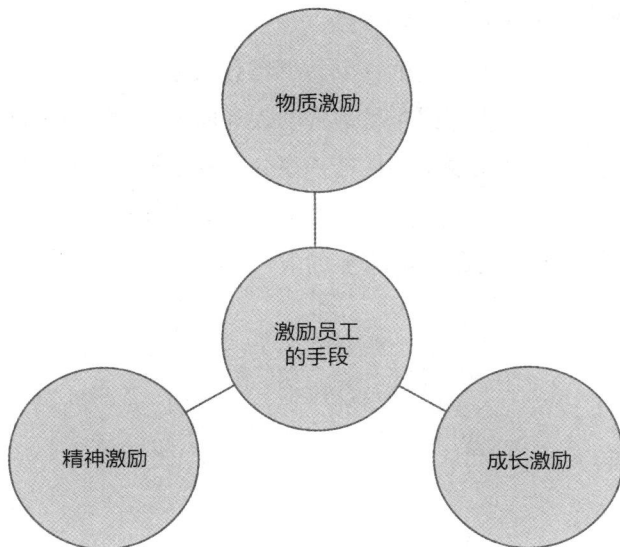

图1-3 员工激励手段

（1）物质激励。物质激励包括岗位工资、绩效工资、业务提成、专项奖金（如节能降成本、知识产权申请、合理化建议、创新项目等）、福利（如旅游、体检、健康管理、家庭理财、子女教育、节假日福利、商业保险等）、利润分成、期权激励、期股激励、股权激励、合伙人计划等。

（2）成长激励。成长激励包括脱产学习、在职学习、职位晋升、轮岗发展、挂职锻炼、师傅带徒弟、优才计划、授权、事业激励等。

（3）精神激励。精神激励包括年度评优、业务标兵、"三八"红旗手、劳动模范、企业工匠、员工关怀、目标激励、愿景激励等。

二、形形色色的激励

谈到员工激励，我想每位管理者都能说出很多切实可行而且极具激励效果的员工激励方式，薪酬激励、福利激励、股权激励、培训激励、授权激励、事业激励、愿景激励、目标激励、情感激励、自我激励……总之，可以用来激励员工的手段和方法多种多样。图1-4是常见的员工激励方法。

1. 薪酬激励：让黄牛吹着口哨干活

在本人的拙作《吹口哨的黄牛：以薪酬留住人才》一书中提到过，黄牛代表勤勤恳恳干活的员工，黄牛在拉犁耕地的时候还吹着口哨，证明黄牛的心情是愉悦的，虽然拉犁耕地在别人眼里是件苦差事，但在黄牛心目中却是一件极其有意义的事情。如何才能做到这样？除了黄牛自己认为拉犁耕地是为了证明自己价值之外，对黄牛的薪酬激励也是至关重要的。

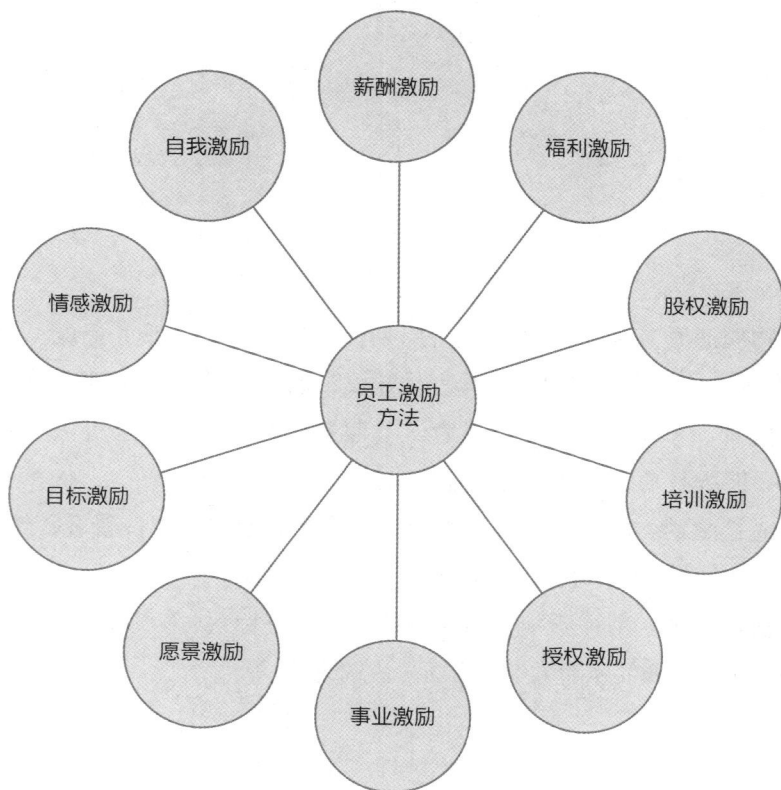

图1-4　常见的员工激励方法

薪酬类型有很多，常见的有计件工资、计时工资、岗位工资、技能工资、绩效工资、年终奖金、业务提成、专项奖金等。同时，薪酬模式也有很多种，如年薪制、结构制、计时制、计件制、提成制、协议制等。另外，根据薪酬中固定部分与浮动部分比例的不同，又可以分为低保健高激励、中保健中激励、高保健低激励。还有，薪酬发放周期也存在差异，可分为按日发放、按周发放、按月发放、按季发放、按年发放、按项目周期发放、不固定期限发放等。总之，薪酬虽然是员工激励模式中最基础的一项，但真正把薪酬激励体系设计好、实施好，实际是一件非常复杂的事情。

2. 福利激励：解除员工后顾之忧

我们经常这样说：工资决定员工"来不来"，奖金体现员工"好不好"，福利影响员工"走不走"。这句话的意思是薪酬的高低在很大程度上决定了员工是否愿意加入公司，而员工干得好不好则决定奖金的多少，但员工最终选择留在公司工作还是离开公司，起决定作用的则是企业的福利体系是否健全。

福利是员工的间接报酬，一般包括健康保险、带薪假期、过节礼物或退休金等形式。在我国大多数企业经常会面临这样的困惑：企业每年在员工福利上投入很大，但很多员工并没有感受到，甚至有些员工认为企业根本就没有什么福利，最终导致企业不满意、员工也不满意，造成这种结果的主要原因还在于企业没有对福利体系进行系统规划和实施。

3. 股权激励：给员工一个"金手铐"

不管是前文提到的薪酬激励、福利激励，还是股权激励，都是物质激励的范畴，只不过薪酬激励、福利激励更关注中短期，而股权激励更关注中长期激励，另外，薪酬激励、福利激励是基于过去的业绩贡献，而股权激励是基于未来的价值创造。

股权激励是对员工股权激励的一种统称，具体可以细分为期权激励、期股激励、现股激励、虚拟股份、赠予股份、技术入股、虚拟股票、股票增值权、限制性股票、项目性股票、业绩股票、管理层收购、合伙人等多种形式，同时，股权激励还需要解决激励目标、股权形式、激励对象、激励额度、股份来源、股份价格、股份形式、股份分红、股份溢价、股份转让、股份退出等一系列问题。

4. 培训激励：促进员工成长

除了在企业获得有竞争力的回报之外，每位员工都期望在工作中能够获得更多的知识和经验积累，在本人的拙作《培训促进成长》一书中曾经提到：很多企业把培训仅仅看作是一种投入，殊不知培训对于员工的激励效果非常明显。

"人非生而知之者"，求知欲是每位谋求发展的员工的基本需求，企业如果只知"用"而不知"给"，会让员工失望，等到水枯鱼竭，受损的还是企业。重视员工培训，一方面可以改变员工的工作态度，增长知识，提高技能，激发他们的创造力和潜能，提高企业运作效率和经营业绩，使企业直接受益；另一方面也让员工体会到企业对他们的重视，使他们认识到培训是公司为他们提供的最大福利。

5. 授权激励：给员工更多自主空间

授权具有严格的管理学的内涵，是指上级委派给下属一定的权力，使下属在一定的监督之下，有相当的自主权和行动权。授权者对于被授权者有指挥和监督之权，被授权者对授权者负有报告及完成任务的责任。我们通常所说的"责、权、利"对等就是指基于所在岗位承担的责任进行相应的授权，同时让员工享受相对应的回报。

换句话来讲，授权激励就是"让员工去做原本属于自己的事情"，根据授权内容可以分为人权、财权、事权、信息权等。

6. 事业激励：给员工施展才华的舞台

员工的价值是通过帮助企业解决问题来体现的，因为解决问题本身就是一种责任，是员工对企业的一种承诺。美国学者约翰·米勒在《问题背后的问题》一书中指出：员工个人的责任不是通过改变他人，而是通过改变自己，力求帮助企业解决问题；个人责任不是抱怨团队，而是要充分认识个人的力量；个人的责任就是要适应要求，不断完善自我；个人的责任就是利用现有的资源和工具实现组织目标；个人的责任就是要做出具有积极作用的选择；个人的责任是要不断自问"我还能做什么？""我已经做得够好了吗？""哪些地方还能做得更好？"……

大家试想一下，如果让每位员工都能意识到这一点，同时企业为其提供施展才华的舞台，那对员工的激励该有多大啊！

7. 愿景激励：点燃员工的工作激情

愿景是对企业未来发展蓝图的描绘，伟大的企业愿景是增强企业凝聚力的关键，是企业激励员工的有效手段之一，一家企业只有在全体员工的共同参与下，清晰表达并不断宣贯自己的愿景才能激发员工无穷无尽的工作激情和创造力，员工才能持续不断地为企业创造巨大的经营业绩，企业才能拥有源源不断的发展动力。

在愿景的指引下，企业还需要清晰定义自己的使命、核心价值观、员工行为规范及行为高压线，这些内容同样可以起到激励员工的作用。

8. 目标激励：让员工更加关注工作

彼得·德鲁克曾经说过：目标不是命令，而是一种责任或承诺。目标并不决定未来，只是一种调动企业资源和能量以创造未来的手段。

稻盛和夫也曾经说过："京瓷公司是为了追求公司中包括我在内的全体员工物质和精神双方面幸福而存在的。所以，京瓷公司必须有高收益，成为在任何萧条风暴中都纹丝不动、坚如磐石的企业。因此，我冲在前面，拼命工作。而如果各位也想守护自己的生活，创造自己的幸福，就跟我来。厌恶这个目标，不愿意追随我的人请辞职。即使我再辛苦，也无法让这样的人幸福，所以我不需要这样的人。我需要的是和我一起吃苦的人。"

德鲁克告诉我们目标可以调动企业内部的能量创造未来，目标的能量是巨大的、是无穷的！而稻盛和夫告诉我们企业的目标与员工的目标永远是一致的，为了员工的幸福，企业必须通过产品创新获得高收益，正是在这样的目标感召下，京瓷公司创造了一个又一个神话。

目标激励的核心就是要明确企业的目标是什么（包括长期目标、中期目标、短期目标）？目标从哪里来（包括目标确定的依据、目标实现的手段与方法）？企业目标与员工目标之间的关系是什么（包括目标分解）？如何使员工高度认同企业目标进而为此终生奋斗（包括目标认同、目标评价与衡量、基于目标的激励体系设计）？

9. 情感激励：让员工感受公司的关怀

人之所以不同于机器、设备和厂房的最大原因在于人是有情感的，美国著名的管理学家托马斯·彼得斯说："你怎么能一边歧视和贬低员工，一边又期待他们去关心质量和不断提高产品品质？"

是的，除了优厚的物质待遇、有挑战性的目标之外，每一位员工都期望到一家充满人情味的企业尽心尽力的奋斗，甚至有时为此可以接受并不算好的物质待遇。因此，时时刻刻保持对员工的尊重，真心善待员工，让其感到温暖和被重视，从情感着手激励员工也是一项非常重要的员工激励方法。

10. 自我激励：让员工自己跑

不论是前文提到的哪种激励方式，本质上都是通过外因刺激让员工更有激情，而最有效的激励方式往往还不是这些，让一个人真正产生内驱力的原因是自己内心深处有强烈地把工作做到最好的欲望，甚至把工作本身当成自己的人生信仰，这是激励的最高境界，正所谓要让每一位员工都能深刻领悟"风好正是扬帆时，无须扬鞭自奋蹄"的道理。

当然，除了前面提到的这 10 种常见的激励模式之外，用来激励员工的方法还有很多，竞争激励、榜样激励、责任激励、赞美激励、尊重激励、淘汰激励、职位晋升激励等，如何才能做到有效激励，把握好"因人而异、因时而异、因事而异，做到随时随地、随人随事"最关键！

三、激励的本质是对人性的把握

不论是利用外部因素激励员工，还是利用内驱力激励员工；也不论是正向激励，还是负向激励；更不论是短期激励，还是股权激励，激励手段是否有效关键取决于对人性的理解和把控。有些管理者认为员工天生就是追求安逸、逃避痛苦的，因此对员工的激励必须"大棒＋胡萝卜"；而有些管理者则认为只要给员工创造良好的工作环境、安排适合员工的工作，员工就会努力工作，因此对员工的激励应该是以正面激励为主。其实，人性究竟是善还是恶，从中国诸子百家、古希腊"三贤"之始就有研究，到了古典管理理论、现代企业管理理论、当代管理理论更有诸多管理学家进行了深入的研究，并给出了明确的答案。

1. 性善与性恶

孟子主张人性本善。他认为人之所以区别于禽兽，是因为人天生就有良知，有仁爱之心，有道德本性。因为"由是观之，无恻隐之心，非人也；无羞恶之心，非人也；无辞让之心，非人也；无是非之心，非人也。恻隐之心，仁之端也；羞恶之心，义之端也；辞让之心，礼之端也；是非之心，智之端也。人之有是四端也，犹其有四体也。有是四端而自谓不能者，自贼者也；谓其君不能者，贼其君者也。凡有四端于我者，知皆扩而充之矣。若火之始然，泉之始达。苟能充之，足以保四海；苟不充之，不足以事父母。"（见《孟子·公孙丑上》）。

而与孟子恰恰相反，荀子主张人性本恶，他认为人性"生而有好利焉""生而有疾恶焉""生而有耳目之欲，有好声色焉""从人之性，顺人之情，必出于争夺，合于犯纷乱理而归于暴"。（见《荀子·性恶》）。荀子认为，凡是没有经过教养的东西是不会为善的。对于人性中"善"的形成，荀子提出"由此观之，然则人之性恶明矣，其善者伪也"的命题。

荀子的人性论虽然与孟子的刚好相反，可是他也同意，人人都能成为圣人。荀子以为，就人的先天本性而言，"凡人之性者，尧、舜之与桀、跖，其性一也，君子之与小人，其性一也"。（见《荀子·性恶》）。都是天生性恶，后天贤愚的差别是由于"注错习俗之所积耳"。后天的环境和经验对人性的改造起着决定性的作用。通过人的主观努力，"起礼义，制法度"，转化人的"恶"性，则"涂之人可以为禹"。

性善与性恶本无定论，因为任何一个人都会存在向善和向恶的两面性，在员工激励体系建设过程中需要把握和兼顾人性的善恶，做到因地制宜才是关键。

2.X 理论与 Y 理论

美国社会心理学家、行为科学家、人性假设理论创始人、现代企业管理理论奠基人、X-Y 理论管理大师道格拉斯·麦格雷戈提出的 X 理论主张独裁式的管理风格，X 理论认为人们基本上厌恶工作，对工作没有热忱，如非必要就会加以逃避；人类只喜欢享乐，凡事得过且过，尽量逃避责任。所以要使之就范，雇主必须用严密控制、强迫、惩罚和威逼利诱的手段来对付，如扣减工资、取消休假等。其主要内容是：

（1）大多数人是懒惰的，他们尽可能地逃避工作。工作对他们而言只是一种负担，毫无享受可言。

（2）大多数人都没有什么雄心壮志，也不喜欢负什么责任，宁可让别人领导，同时他们缺乏自信心，把个人的安全看得很重要。

（3）大多数人的个人目标与组织目标都是自相矛盾的，为了达到组织目标必须靠外力严加管制。

（4）大多数人都是缺乏理智的，不能克制自己，很容易受别人影响，而且容易安于现状。

（5）大多数人都是为了满足基本的生理需要和安全需要，所以他们将选择那些在经济上获利最大的事去做，而且他们只能看到眼前的利益，而看不到长远的利益。

同时，麦格雷戈又提出了 Y 理论，Y 理论主张民主式的管理风格，Y 理论认为人性都是正面的，向善的；Y 理论假设一般人在本质上并不厌恶工作，只要循循善诱，员工便会热忱工作，在没有严格监管的情况下，也会努力完成生产任务；而且在适当的条件下，一般的人不仅愿意承担责任而且会主动寻求责任感。其主要内容是：

（1）一般人并不是天性就不喜欢工作的，工作中体力和脑力的消耗就像游戏和休息一样自然。工作可能是一种满足，因而自愿去执行。

（2）外来的控制和惩罚并不是促使人们为实现组织的目标而努力的唯一方法，它甚至对人是一种威胁和阻碍，人们愿意实行自我管理和自我控制来完成应当完成的工作目标。

（3）人的自我实现的要求和组织要求的行为之间是没有矛盾的，如果给人提供适当的机会，就能将个人目标和组织目标统一起来。

（4）一般人在适当条件下，不仅学会了接受职责，而且还学会了谋求职责，逃避责任、缺乏抱负以及强调安全感，通常是经验的结果，而不是人的本性。

（5）大多数人，在解决组织的困难问题时，都能发挥较高的想象力、聪明才智和创造性。

（6）在现代生活中，一般人的智慧潜能只是部分地得到了发挥。

X 理论、Y 理论都有其假设的理论和思想基础，任何一种假设都有其存在的合理性和必要性。企业员工激励体系的构建，需要综合两者的优劣势才能发挥其价值和作用。

综上所述，我们发现一个人并非天生"性恶"，不喜欢工作，需要监督；也并非天生"性善"，喜欢挑战和自我管理。人的本性是随着环境、时间、个体等因素的差异而发生变化，这也就是员工激励体系设计的难点所在。

四、常见的激励理论

正如道格拉斯·麦格雷戈提出的：任何管理工作都是建立在设想、假设与归纳的基础上的，也就是说，是以一定理论为基础的。员工激励也不例外，虽然前文我们提到了许许多多员工激励的手段和方法，但真正让激励发挥价值，我们还需要系统了解和掌握员工激励理论，有了理论的支撑，我们才能做到有的放矢，事半功倍。图 1-5 所示是员工激励理论。

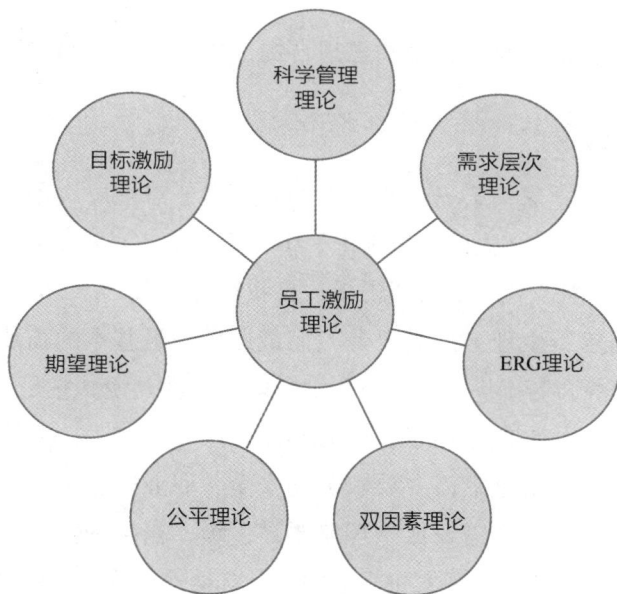

图1-5　员工激励理论

1. 科学管理理论

古典管理学家、科学管理理论的倡导者、被后人尊称为"科学管理之父"的泰勒在其代表作《科学管理原理》一书中提到，科学管理主要包括 8 个方面的内容，分别为：

（1）科学管理的中心问题是提高劳动生产率。

（2）为了提高劳动生产率，必须为工作挑选"一流的工人"。

（3）采用标准化操作方法、工具、机器和材料。

（4）采用刺激性的工资报酬制度激励工人努力工作。

（5）劳资双方应变对立为合作。

（6）用科学方法取代经验工作方法。

（7）实行职能工长制。

（8）管理中实行例外原则。

其中，"采用刺激性的工资报酬制度激励工人努力工作"是泰勒科学管理思想中描述员工激励的核心内容，为了达到充分激励员工的目的，泰勒又提出了工作定额原理、能力与工作相适应、工作标准化、差别计件工资制度、和谐的劳资关系等，这些措施可以有效帮助企业对员工实施激励，确保企业与员工同时收益。

泰勒的科学管理以及员工激励思想自提出之后就一直影响着全世界的管理者们。

2. 需求层次理论

美国著名心理学家、第三代心理学的开创者、需求层次理论创始人亚伯拉罕·马斯洛在其代表作《人的动机理论》中，将人的需求从低到高依次分为生理需求、安全需求、社交需求、尊重需求、自我实现需求。

（1）生理需求：生理上的需要是人们最原始、最基本的需要，如吃饭、穿衣、住宅、医疗等，若不满足，则有生命危险。这就是说，它是最强烈且不可避免的最底层需要，也是推动人们行动的强大动力。

（2）安全需求：安全的需要要求劳动安全、职业安全、生活稳定、免于灾难、未来有保障等。安全需要比生理需要高一级，当生理需要得到满足以后就要保障安全需要。每一个在现实中生活的人，都会产生安全感的欲望、自由的欲望、防御实力的欲望。

（3）社交需求：社交的需要也叫归属与爱的需要，是指个人渴望得到家庭、团体、朋友、同事的关怀、爱护、理解，是对友情、信任、温暖、爱情的需要。社交的需要比生理和安全需要更细微、更难以捉摸。它与个人性格、经历、资历、生活区域、民族、生活习惯、宗教信仰等都有关系，这种需要是难以察悟，无法度量的。

（4）尊重需求：尊重的需要可分为自尊、他尊和权力欲三种，包括自我尊重、自我评价以及尊重别人。尊重的需要很少能够得到完全的满足，但基本上的满足就可产生推动力。

（5）自我实现需求：自我实现的需要是最高等级的需要。满足这种需要就要求完成与自己能力相匹配的工作，最充分地发挥自己的潜在能力，成为自己所期望的人物。这是一种创造的需要，有自我实现需要的人，似乎在竭尽所能，使自己趋于完美。

马斯洛认为，当人的低层次需求被满足之后，会转而寻求实现更高层次的需要。其中，自我实现的需要是超越性的，追求真、善、美，将最终导向完美人格的塑造，实现人的这种最佳状态。

为了充分、正确认识需求层次理论，马斯洛指出，人的需求并不是严格按照从低到高实现的，人的需求在不同的时期表现出来的迫切程度是不同的；一个人同时可能会有多个层次的需求，但对每个需求的迫切程度是不同的；人最迫切的需求才是激励人行动的主要原因和动力；人的需求是从外部得到的满足逐渐向内在得到的满足转化。

3.ERG 理论

美国耶鲁大学组织行为学教授克雷顿·奥尔德弗提出的 ERG 激励理论（E 为 Existence、R 为 Relatedness、G 为 Growth 的首字母缩写），ERG 理论认为，人一共存在 3 种核心的需要，即：

（1）生存（Existence）的需要。与人们基本的物质生存需要有关，即生理和安全需求（如衣、食、行等），关系到人的存在或生存，这实际上相当于马斯洛理论中的前两个需求。

（2）相互关系（Relatedness）的需要。指人们对于保持重要的人际关系的要求。这种社会和地位的需要的满足是在与其他需要相互作用中达成的，与马斯洛的社会需要和自尊需要分类中的外在部分是相对应的。

（3）成长发展（Growth）的需要。指个人谋求发展的内在愿望，包括马斯洛的自尊需要分类中的内在部分和自我实现层次中所包含的特征。

4. 双因素理论

美国心理学家、管理理论家、行为科学家、双因素理论创始人赫茨伯格在其代表作《赫茨伯格的双因素理论》一书中提出：使员工感到满意的都是属于工作本身或工作内容方面的；使员工感到不满的，都是属于工作环境或工作关系方面的，他把前者叫作激励因素，把后者叫作保健因素。

（1）激励因素。激励因素是指能为员工带来积极态度、满意和激励作用的因素。这些因素包括成就、认可与赏识、挑战性的工作、责任、成长和发展的机会、奖金等。

（2）保健因素。保健因素的满足对员工产生的效果类似于卫生保健对身体健康所起的作用。保健因素包括公司政策和管理、监督、人际关系、工作条件、工资、福利、工作安全感等。

赫茨伯格指出，满足各种因素所引起的激励深度和效果是不一样的。保健因素的满足是必要的，没有它会导致不满，但是即使获得了满足，它的激励作用往往是有限的、不能持久的。要想调动人的积极性，不仅要关注保健因素，更重要的是要关注激励因素，给员工安排有挑战性的工作、及时给予认可和赏识、让员工感受到工作中的成就感、适度授权以明确工作责任、注意给人以成长与发展、根据工作业绩完善奖金及股权激励系统等手段会更加容易调动员工工作积极性。

5. 公平理论

美国学者亚当斯在综合有关分配的公平概念和认知失调的基础上，于 20 世纪 60 年代提出了激励公平理论。公平理论认为，员工对自己所得报酬的感觉和比较的认知失调会导致其心理失衡，即产生不公平感。

公平理论的核心如下：

（1）员工对报酬的满足程度是一个社会比较过程。这种比较包括与外部相同职位的比较、公司内部不同职位之间的比较、收入与付出的比较、能力与收入之间的比较等。

（2）一个人对自己的工作报酬是否满意，不仅受到报酬的绝对值的影响，而且也受到报酬的相对值的影响，如个人与别人的横向比较，以及与自己的历史收入作纵向比较。

（3）需要保持分配上的公平感，一个人只有产生公平感时才会心情舒畅，努力工作；而在产生不公平感时会满腔怨气、消极怠工，甚至放弃工作，破坏生产。

亚当斯提出的公平理论在员工激励体系设计过程中至关重要，企业内部进行的岗位价值评估、薪酬定级、绩效评价、胜任力测评、岗位应知应会考核、核心员工评价等都可以有效帮助企业解决激励公平的问题。

6. 期望理论

美国著名心理学家、行为科学家维克托·弗鲁姆在其个人专著《工作与激励》中提出来的期望理论，是管理心理学与行为科学融合的一种理论。

期望理论认为，激励动力 = 效价 × 期望率，其中激励动力是一个人积极性的强度，效价是对某一个成果的偏好程度，而期望率则是因采取某个行动可能实现所求目标的概率。

期望理论告诉我们，人的积极性被调动的大小取决于期望值与效价的乘积。也就是说，一个人对目标的把握越大，估计达到目标的概率越大，激发起的动力越强烈，积极性也就越大。相反，当一个人对实现某个目标认为是无足轻重时效价为零，而他认为目标实现反而对自己不利时效价为负，这两种结果都不会对人有激励性。同样，如果一个人认为目标实现的期望率为零或者为负的时候就不会激励一个人去实现目标。

7. 目标激励理论

目标激励理论是由美国管理大师德鲁克提出的，目标管理是一种过程型的激励理论，强调通过目标的设定来激发动机、指导行为，使员工的需要与企业的目标挂起钩来，以激励他们的积极性。

期望理论和需求层次理论认为，人的积极性是与需要相联系，是由人的动机推进的。也就是说，动机产生于人的需要且支配着人的行动。只有了解了人的需要和动机的规律性，才能预测人的行为，进而引导人的行为，调动人的积极性。一般说来，当人产生某种需要而未得到满足时，会产生某种不安和紧张的心理状态，在遇到能够满足需要的目标时，这种紧张的心理状态转化为动机，推动人们去采取某种行动，向目标前进。

目标激励理论正是基于以上的假设，就如德鲁克所言"目标不是命令，而是一种责任或承诺。目标并不决定未来，只是一种调动企业资源和能量以创造未来的手段"，当达到目标时，需要得到满足，这时又会产生新的需要，使人不断地向新的目标前进。目标激励理论就是遵循这一原理，根据人们的需要设定目标，使组织目标和个人需要尽可能结合，以激发动机，引导人们的行为，去帮助完成整体的组织目标。

除了前文提到的种种激励理论之外，还有很多可以指导我们工作的激励理论，如三种需求理论、主管人员激励理论、环境诱导理论、动力促进理论、学习型组织理论、人际关系理论等，读者朋友可以查阅相关书籍，在此不再一一赘述。总之，企业在进行激励体系设计之前，系统学习和掌握种种激励理论的核心是非常有必要的。

五、员工激励基本原则

方法可以变，原则不能乱。做任何事情之前都必须事先明确原则，因为原则是航标、原则是灯塔、原则是做事情的红线。原则指明了员工激励体系设计的方向，因此我们有必要系统阐述员工激励基本原则（见图1-6），以便指导企业开展员工激励体系设计工作。

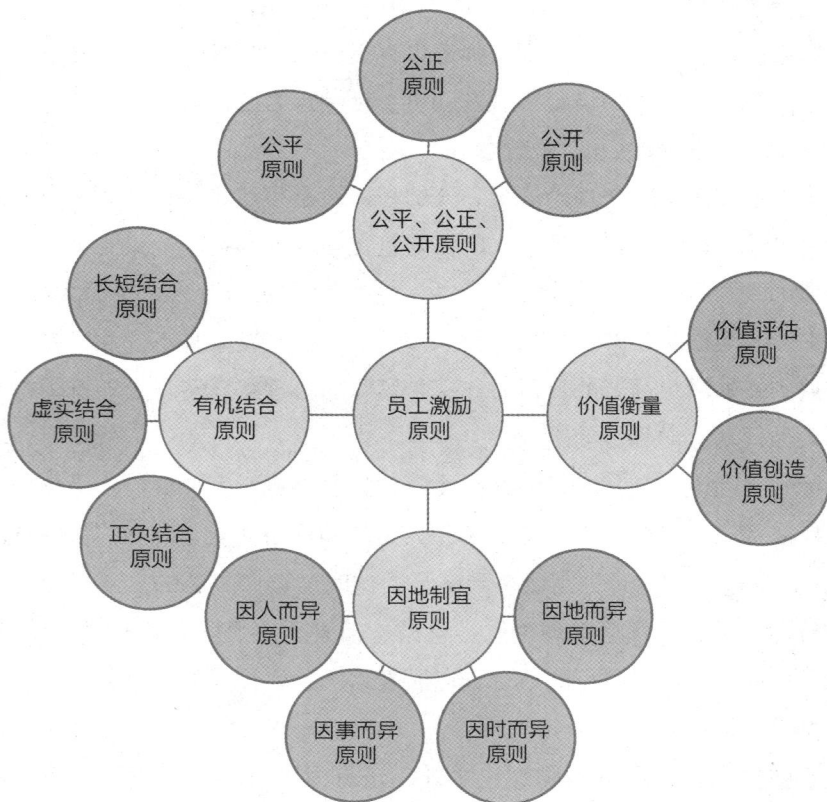

图1-6　员工激励原则

1. 公平、公正、公开原则

公平、公正、公开原则是激励体系设计的最基本原则，也是激励体系设计时必须充分考虑的必要条件。

（1）公平原则。陈春花教授提出，追求激励的公平性要注意三件事情：一是企业觉得公平的事情，员工不见得觉得公平，因为企业与员工的看法和立场不同；二是只要员工觉得不公平，就不会有激励作用；三是中国的传统文化不太在意公平，而比较在意平均。她还指出不公平是绝对的，公平是相对的；要获得公平感，最好的办法是比付出，不要比所得。

（2）公正原则。不论是哪种形式的激励模式，一定要做到客观公正，而要做到这一点，激励模式公正、组织形式公正、设计过程公正、设计结果公正、实施过程公正都是必不可少的。

（3）公开原则。公开的最高境界就是我们通常所说的天下大白，让所有人都了解企业激励体系，这是激励的最高境界，不论是激励方案公开、激励过程公开，还是激励结果公开都是非常有必要的。

请大家记住，公开的前提是公平、公正，只有做到了公平和公正，公开也就不会存在任何问题了。

2. 价值衡量原则

企业经营的目的是赚钱，因此企业衡量价值的标准也必须以岗位价值及经营价值创造为导向，这就是我们通常所说的价值衡量原则。

（1）价值评估原则。企业内部有少则十几个，多则数十个、几百个岗位，这与企业内部的组织规模与组织职位设计有关，不同的岗位承担不同的职责、创造不同的价值，同时对岗位任职者的任职要求也存在差异，因此企业必须通过岗位价值评估手段，对每个岗位的价值贡献进行评估，并以此为基础进行激励体系设计。

（2）价值创造原则。企业激励体系设计要坚决摒弃"苦劳论"和"论资排辈"的分配理念，要树立结果评价和价值创造为导向的分配机制，让"价值创造者多得""绩优者多得"，因此，企业为了发挥激励作用，还必须建立与之相配套的价值创造评估体系。

3. 因地制宜原则

激励的最高境界就是做到"随事随地，随人随事"，这就需要企业的激励体系能够做到因人而异、因事而异、因时而异、因地而异。

（1）因人而异原则。这里提到的"人"可以理解为具体的某一位或某一类员工，也可以理解为某一个或某一类岗位，还可以理解为某一个部门或某一个项目，总之，企业可以因人而异设计相应的激励手段和方法。比如企业可以为有特殊贡献的员工设置特殊头衔（如首席科学家、功勋人物、文化使者、业务标兵、工匠人物等），可以为工作满5年的员工设置海外旅游，可以为工作满10年的员工颁发"功勋员工"奖牌，也可以为某一个层级的岗位实施期权激励，也可以为某个层级以上岗位实施股权激励，还可以为某一个部门员工单独设置专项激励，等等。因人而异是因每个人的价值创造不同，衡量价值的方法和手段则有异。

（2）因事而异原则。这里提到的"事"可以理解为某项专项工作，可以理解为某一个项目，也可以理解为某项经营目标。比如企业可以将积分制激励方案与年度部门关键事项挂钩，也可以为某个新产品研发项目设置项目激励，还可以为年度经营专项工作设置专项激励。

（3）因时而异原则。这里提到的"时"可以理解为项目关键节点，可以理解为固定的经营周期（如月、季、半年、年度），还可以理解为企业不同生命周期阶段（初创期、成长期、成熟期、衰退期）。比如企业可以为项目关键节点设计项目节点奖金，也可以按照月或季度设计月度或季度绩效工资、业绩奖金，还可以在不同的生命周期阶段调整工资、奖金及福利的比例，对员工进行激励。

（4）因地而异原则。这里提到的"地"可以从两个维度理解，一是地理位置，比如很多跨区域、跨国经营的企业一定要考虑区域差异去设置激励方案；二是集团企业之间、公司部门之间的差异。由于集团企业之间的业务差异、公司部门之间的职能差异，企业也需要根据具体情况设置有差异性的激励方案。

4.有机结合原则

任何一个激励方案都有其明确的激励指向，各自存在利弊，因此做到多项激励措施的有机组合，才能真正起到激励作用。

（1）长短结合原则。激励体系设计必须确保"短期激励、中期激励、股权激励"完美结合。既要激励员工为短期目标、微观目标努力工作，还要激励员工为中长期目标、宏观目标全力以赴。

（2）虚实结合原则。激励体系设计必须确保"物质激励、成长激励、精神激励"完美结合。因此激励体系必须确保员工"物质与精神回报双丰收""成长发展与回报同增长"，最终实现企业与员工"双赢"。

（3）正负结合原则。对激励狭义的理解就是涨工资、发奖金、发福利、分股份、职位晋升、年度评优、提供培训、安排有挑战性工作等正激励，但广义的激励还应包括末位淘汰、职位降级、薪酬降级、期权退出、经济处罚、行政处罚、批评等负激励，而且要做到正激励与负激励有机结合，"胡萝卜"与"大棒"交叉进行。

第二部分

PART TWO

物质激励篇

仓廪实，则知礼节；衣食足，则知荣辱。

——《管子·牧民》

物质激励是生存的保障，一定要给员工加薪的机会，但是加薪不是无条件的，这样会助长员工贪婪，一定要让员工做出好的结果，拿出高的绩效来交换，有人效，有结果，给员工多少钱都不过分。

——任正非

动力＝效价×期望概率。其中，动力是指一个人积极性的强度，效价是指对某一个成果的偏好程度，而期望值是指因采取某个行动可能导致实现其所求目标的概率。可见效价和期望概率是调动员工积极性，决定激励效果的关键因素。

——维克托·弗鲁姆（期望理论创始人）

做激励的基本原则：第一，要为工作付报酬；第二，报酬一定要合理，如果报酬不合理，就一定会打击员工的工作积极性。

——陈春花

物质激励必须关注员工的短期绩效、中期绩效和长期绩效，也必须与企业的短期目标、中期目标和长期目标相结合。

——本书作者

第二章

薪酬激励

一、全面认识薪酬激励

二、薪酬激励的核心

三、薪酬激励体系设计

四、薪酬激励体系管理

一、全面认识薪酬激励

薪酬是激励员工努力工作的最基本的动力来源，而且是持续的动力来源，因此，薪酬激励是所有激励的基础。华人首富李嘉诚深谙薪酬激励的重要性，对于员工激励，他曾经说过："第一，给他好待遇；第二，给他好前途。"可以看得出来，薪酬在李嘉诚的员工激励思想中的重要性。

1.薪酬的构成

一般来讲，薪酬有狭义和广义之分，其中，从狭义的角度来看，薪酬是指个人获得的工资、奖金及以金钱或实物形式支付的劳动回报。广义的薪酬包括经济性的报酬和非经济性的报酬，经济性的报酬指基本工资、加班工资、奖金、福利待遇和假期等，非经济性的报酬指个人对企业以及对工作本身在心理上的一种感受，包括有挑战性的工作、责任感、成就、社会地位、个人成长、价值实现、友谊、员工关怀、工作环境、工作条件等。

本章介绍以经济性报酬体系的设计为主，非经济性报酬体系的设计将在本书的后续章节一一展开。

2.薪酬的价值

对于员工而言，薪酬具有以下两项核心功能：

（1）保障功能。员工通过劳动和经营行为，换取薪酬，以满足个人及家庭的吃、穿、住、用等基本生活需求，从而实现劳动力的再生产。

（2）激励功能。高薪酬是员工工作业绩的显示器，是对员工工作能力和水平的承认，也是对个人价值实现的回报，是晋升的信号，它反映了员工在组织中的相对地位和作用，能使员工产生满足感和成就感，进而激发出更大的工作热情。此外，合理的薪酬还增强了员工对组织的信任感和归属感，增强了对预期风险的心理保障意识和安全感。

对于企业而言，薪酬则具有以下三项核心功能：

（1）激励功能。薪酬是对劳动者和经营者工作绩效的一种评价，反映着其工作数量和质量。因此，薪酬可以激励员工提高劳动效率和积极性，为企业创造更大的价值。

（2）协调功能。一方面薪酬通过其水平变动，将组织目标和管理者意图传递给员工，促使个人行为与组织行为融合，协调员工与组织之间的关系，确保员工与企业目标的一致性；另一方面，通过合理的薪酬差别和结构设计，化解员工之间的矛盾，协调人际关系。

（3）增值功能。薪酬既是企业购买劳动力的成本，也是用来交换劳动者活劳动的手段，同时薪酬还是一种活劳动投资，它能给企业带来收入预期大于成本的收益。这种收益的存在，成为企业雇佣、投资劳动力的动力机制。

3. 薪酬激励体系设计原则

企业在进行薪酬激励体系设计时，通常需要遵循以下原则（见图2-1）：

（1）公平性原则。员工对薪酬的公平感，也就是对薪酬发放是否公平的认识与判断，是现代企业设计薪酬制度和进行薪酬管理时首要考虑的因素。公平性原则包含内部公平、外部公平、过程公平、结果公平等内容。

（2）竞争性原则。在社会上和人才市场中，企业的薪酬标准要有吸引力，才足以战胜竞争对手，招到企业所需要的人，同时也才能留住人才。竞争性原则包含薪酬水平领先、薪酬结构多元化、薪酬激励手段的创新性、薪酬分配价值取向合理等内容。

（3）激励性原则。要在内部各类、各级岗位的薪酬水准上适当拉开差距，真正体现薪酬的激励效果，从而提高员工的工作热情，为企业作出更大贡献。激励性原则包含个人能力激励、团队责任激励、企业业绩激励等内容。

（4）经济性原则。提高企业的薪酬水准，固然可以提高其竞争性与激励性，但同时不可避免地导致企业人力成本的上升。因此，薪酬水平的高低不能不受经济性的制约，要考虑企业实际承受能力的大小。经济性原则包含薪酬总额控制、利润合理积累、劳动力价值平衡、收入支出比、单位人工成本利润贡献等内容。

（5）合法性原则。现代企业薪酬体系必须符合现行的政策与法律，否则将难以顺利地推行。合法性原则包含符合国家和地方政府的法律法规、符合企业自身各项规章制度等内容，如最低保障工资计算、假期工资结算、工资发放周期、个人所得税的缴交等。

（6）公开性原则。薪酬方案必须公开，能让员工了解自己从中得到的全部利益，了解其利益与其贡献、能力、绩效之间的联系，以利充分发挥物质利益的激励作用。如果平均发放一些名目不详的实物，或奖金、补贴、住房分配也与个人绩效无关，这只能徒然增加人工成本费用，误导员工提高对物质利益的期望水平，甚至产生不必要的矛盾。

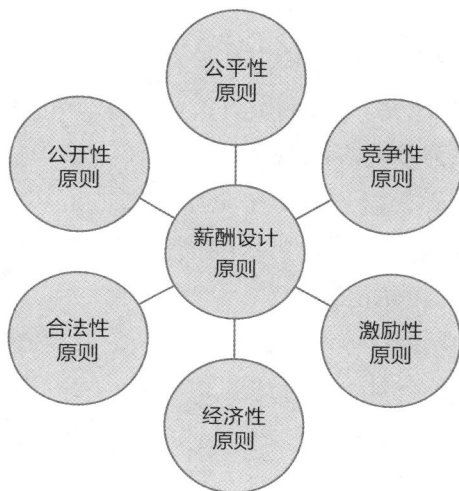

图2-1　薪酬激励体系设计原则

4. 现代企业薪酬激励发展的趋势

现代企业薪酬管理强调的是通过薪酬激励，提高员工的主动性、协作性和创新性，而不是传统的对消极、惰怠行为的约束。现代企业薪酬不是简单的对员工贡献的承认和回报，更应该成为公司战略及年度经营目标和价值观转化的具体行动方案，以及支持员工实施这些行动方案的管理流程。许多员工既重视收益，同时又在意工作环境和发展机会，无论任职的形式如何，都倾向于认为是在为自己工作。图 2-2 所示是现代企业薪酬激励发展趋势。

（1）宽带薪酬激励体系。这种薪酬激励体系将原来报酬各不相同的多个岗位进行大致归类，每类的报酬相同，使同一水平工资的人员类别增加，一些下属甚至可以享受与主管一样的工资待遇，薪酬浮动幅度加大，激励作用加强。一些学者认为，这种薪酬模式突破行政岗位与薪酬的联系，有利于职业发展管理的改善，建立一种集体凝聚力，适应组织扁平化造成晋升机会减少的客观现实。宽带薪酬激励体系是基于岗位价值和市场薪酬水平分析为主的一种新型的薪酬激励体系模式，其优点为：

①以岗位价值作为薪酬的重要确定因素之一，有利于对不同序列岗位骨干员工起到吸引、激励和保留作用，充分体现了薪酬的内部公平性。同时，也能使公司的薪酬策略和人力资源策略更好地配合经营策略的调整与实施。

②打破了职位等级划分，减轻了传统意义上的薪酬等级意识，有利于增强团队意识和合作精神。

③鼓励员工提高技术、知识和能力水平，符合公司持续发展的要求。

④可以通过单纯的职务晋升来激励员工，降低公司的激励成本。

（2）以绩效和能力为基础的薪酬激励体系。企业在设计薪酬激励体系时，需要解决"干好干坏一个样""干与不干一个样""能力好坏一个样"等问题，那么这种问题的解决，必须依赖于企业在设计薪酬激励体系的时候重点考虑绩效与薪酬的衔接，以及能力对薪酬的影响等。

在原来企业的薪酬激励体系中，曾经有过类似岗位技能工资制度、岗位绩效工资制度，但是这些薪酬制度都很难从根本上解决上述问题，企业需要在一个薪酬激励体系中体现员工工作业绩的好坏、员工能力的强弱，这是薪酬激励体系设计未来发展的一个趋势。

基于绩效和能力的薪酬激励体系具有以下的优点：

①促使员工在日常工作中经常对照岗位任职资格，从而找到自己在能力上的差距。

②鼓励员工提升自己的技能，进而适应更高职位的任职要求。

③强化绩效导向管理思想，给员工造成"拿多少，业绩说了算"的思想。

④通过绩效薪酬的激励，促使企业战略及年度经营目标的实现。

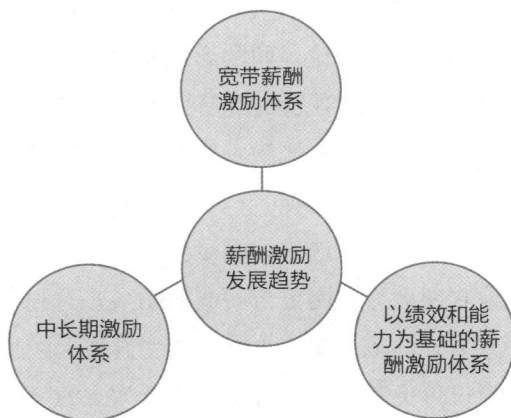

图2-2　现代企业薪酬激励发展趋势

（3）中长期激励体系。近些年，阿米巴提倡的全员经营深入人心，随之而来的利润分享计划、期权激励计划、期股激励计划、股权激励计划等针对核心员工的中长期激励体系蓬勃发展，中长期激励体系已经成为一种普遍共识、行之有效的激励趋势。

针对核心员工的中长期激励体系具有以下优点：

① 激励核心员工与公司长期共同发展，解决员工后顾之忧。

② 激发员工对未来价值创造的激情。

③ 有利于企业稳健实施中长期发展战略。

二、薪酬激励的核心

我们从两个层面来阐述薪酬激励的核心，分别是薪酬如何影响员工的工作激情、薪酬激励体系设计需要解决的核心问题。

1. 薪酬如何影响员工的工作激情

从理论上讲，只有当员工的真实付出与真实回报不成正比的时候，员工就会对薪酬不满，进而影响工作激情，此时就更谈不上为其奋斗了。但实际上，不论薪酬的发放有多么公正和合理，不少员工还是会对自己的薪酬不满，但这并不构成我们采用薪酬激励员工奋斗的阻力。

在很多企业，员工对薪酬的不满并非客观的不公和不合理所致，其原因大致有以下四个方面：

（1）实际薪酬低于员工期望的薪酬。每个人对于自己的工作所得都会有一个基本的心理预期，当员工实际得到的薪酬低于他的期望值时，就会对薪酬产生不满，从而丧失为工作努力的积极性。需要说明的是，这个期望值只是员工个人的自我定位，现实生活中，"眼高手低"的现象是普遍存在着的，一般而言，员工往往过高估计自己在企业中的贡献和价值，自然也就有过高的期望值，自然就容易对自己的薪酬产生不满。

（2）高估他人的薪酬和低估他人的绩效。客观地讲，工作激情不仅来自员工自身，更多的时候是来自外界的一些因素，由于企业员工的薪酬和绩效考评成绩一般都是保密的，员工无法从正式渠道得到真实的、详细的信息，这就人为地制造了员工之间相互猜测的可能性，出于对别人薪酬及考评的兴趣，员工往往会根据一些道听途说加以猜测。这种猜测往往会高估他人的薪酬而低估他人的绩效，从而产生不公平感，对自己的薪酬产生不满。

（3）低于同等人员最高值。对于员工而言，往往更容易和与自己水平相当的人进行比较，如果员工的薪酬低于同等人员最高水平的薪酬，也会产生不满的情绪，而且差距越大，不满程度就越高。因为每个人都不自觉地放大自己的优点、特长和对企业的贡献，这种高估自己的心态，既很难对自己和他人做出客观的评价，同时也产生了不满，影响工作的积极性。

（4）对非物质激励不满，也会导致对薪酬不满。非物质激励也是员工激励的一个重要部分，对非物质激励不满主要是指对工作的胜任感、成就感、责任感、受重视、有影响力、个人成长和富有价值的工作等因素不满，员工在对非物质激励产生不满情绪时，常常会强调对薪酬待遇的不满。

2. 薪酬激励体系设计需要解决的核心问题

一个科学合理的薪酬激励体系，可以最大限度地起到对员工的激励作用，那么企业在薪酬激励体系设计的时候需要重点考虑哪些问题呢？

下面通过几个在企业中经常看到的现象分析一下薪酬激励体系应该解决的核心问题：

（1）拿多少钱，干多少事。因为觉得自己的收入比付出少，就会消极工作。

（2）做一天和尚撞一天钟。典型的打工心态、六十分万岁心理，简单应付工作，不能追求尽善尽美。

（3）谁拿得多谁干。因为觉得自己的收入比同事少，付出比同事多，就会不配合同事的工作，在工作中推诿扯皮。

（4）干好、干坏都一样。因为觉得自己的业绩好，但业绩和自己的收入不成正比，进而工作积极性受到影响。

（5）此处不留爷，自有留爷处。有的人觉得自己的能力很强，不应该只拿这样水平的薪水，就会产生怀才不遇、有抱负不能施展的心理，进而就会跳槽，寻找新的出路。

（6）树挪死，人挪活。有的人会觉得自己的运气不好，因为相同的付出在别的企业或行业收入会高得多，就会这山望着那山高，经常跳槽。

上面的这几种现象几乎在每家企业都存在，这些现象也非常直观地描绘了企业薪酬管理中存在的核心问题，该如何解决呢？我们把企业薪酬激励体系设计过程中需要解决的核心问题归结如下（见图2-3）：

（1）薪酬的外部公平性问题。薪酬的外部公平是指企业内部薪酬水平与外部市场水平之间的平衡问题。如果内部薪酬水平偏低就很有可能导致优秀员工的流失，同时企业也很难吸引优秀的人才加盟；同样，如果内部薪酬水平过高，就可能造成企业薪酬支付负担加重。选择合适的薪酬策略，保证薪酬的外部公平是企业进行薪酬激励体系设计时需要重点考虑的因素之一。

（2）薪酬的内部公平性问题。薪酬的内部公平是指企业内部不同岗位之间的薪酬平衡问题。在企业内部可能有几十个、几百个岗位，如何保证岗位之间的薪酬公平是非常关键的。

（3）薪酬与绩效的匹配问题。如何保证"干好、干坏不一样"，打破"干与不干一个样"的分配机制，体现"多劳多得"的分配思想是企业在设计薪酬激励体系的时候需要思考的另外一个问题，而解决这一问题的有效办法就是绩效薪酬。

（4）薪酬与能力的匹配问题。薪酬与能力的匹配问题需要解决两个核心问题，一是同一员工随着其工作能力的提升，如何在薪酬激励体系中得以体现；二是同一岗位上不同员工的能力大小不同，在确定每个人薪酬的时候如何体现。

（5）薪酬与企业发展阶段的匹配问题。根据企业生命周期理论，企业的发展可以分为初创期、成长期、成熟期、衰退期，企业在不同的发展阶段，薪酬水平、固定薪酬和浮动薪酬的比例如何确定，是企业在设计薪酬激励体系的时候也要思考的问题。

（6）薪酬与企业管理模式融合的问题。根据企业业务模式的不同，其管理模式也会存在很大的差异，有些企业强调功能运作，有些企业强调项目型运作，有些企业注重组织运作的时效性，而有些企业会更加注重网络型的运作模式，为了发挥薪酬激励体系对员工激励作用的最大化，企业在薪酬激励体系设计的时候，需要根据不同的管理模式设计与之对应的薪酬模式。

（7）不同类型员工的激励问题。不同类型员工的工作性质不同，企业在设计薪酬激励体系的时候一定要根据不同类型员工的工作特点量体裁衣。

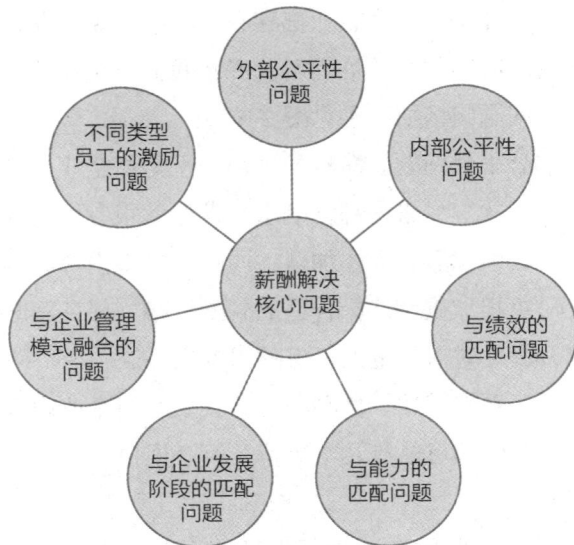

图2-3 薪酬激励体系需要解决的核心问题

三、薪酬激励体系设计

要设计一套科学合理的薪酬激励体系，一般包括以下几个关键步骤，分别是岗位价值评估与薪酬宽带设计、薪酬调查与薪酬水平设计、员工胜任力评价与薪酬定级、薪酬模式选择及多元化薪酬结构设计、薪酬套算及薪酬激励体系实施等。如图 2-4 所示。

1. 岗位价值评估与薪酬宽带设计

企业内部由于岗位之间的分工不同，造成各个岗位对公司经营业绩的贡献也是不同的。比如说企业内部有销售专员，也有采购专员，销售专员负责将公司的产品销售出去，而采购专员则负责采购公司需要的设备及原材料，那么这两个岗位究竟哪个更重要呢？再比如说财务部门有成本会计负责产品成本核算及相关账务处理，而人力资源部的招聘专员负责招聘渠道的开发及员工招聘，又该如何衡量这两个岗位之间的重要性呢？这是薪酬激励体系设计首先需要解决的问题。

1.岗位价值评估与薪酬宽带设计		
岗位体系梳理	岗位价值评估	薪酬宽带设计

2.薪酬调查与薪酬水平设计		
外部薪酬调查	薪酬激励策略	薪酬水平确定

3.员工胜任力评价与薪酬定级	
胜任力评价	薪酬定级

4.薪酬模式选择及多元化薪酬结构设计		
薪酬模式选择	薪酬结构设计	专项激励设计

5.薪酬套算及薪酬激励体系实施		
薪酬套算	薪酬切换	薪酬实施

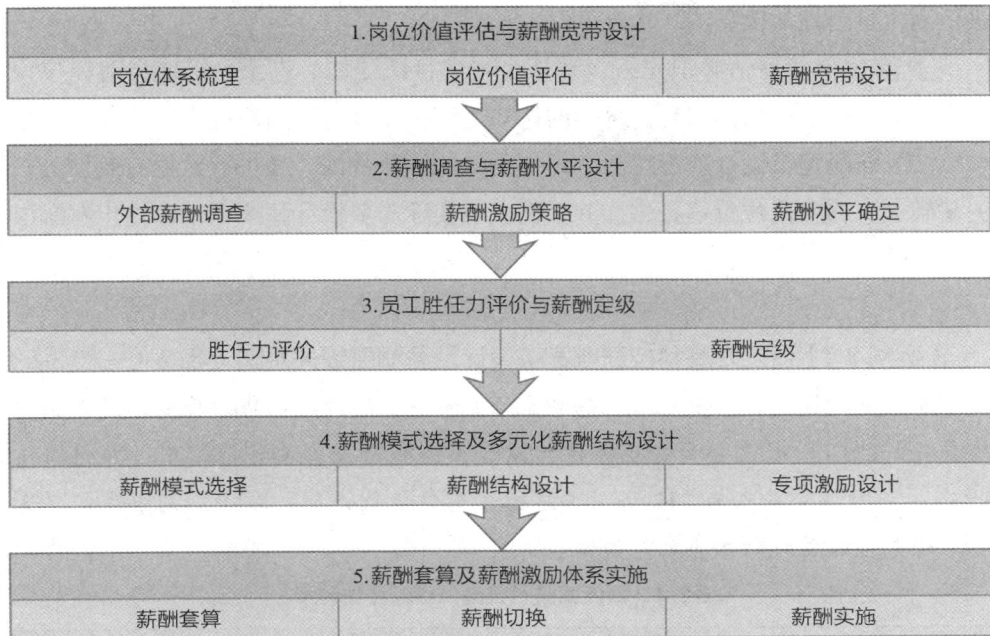

图2-4 薪酬激励体系设计方法

（1）公司岗位体系梳理。要解决上面提出的问题，企业首先需要对岗位体系进行全面梳理，明确岗位层级、规划职族职系、工作饱和度分析、岗位编制规划、岗位使命定位、岗位职责描述、岗位任职资格规划、岗位发展矩阵设计等，并输出岗位说明书及岗位清单。

（2）组织岗位价值评估。岗位价值评估又称职位价值评估或工作评价，是指在工作分析的基础上，采取一定的方法，对每个岗位在组织中的影响范围、职责大小、解决问题、工作强度、工作难度、任职条件、岗位工作条件等特性进行评价，以确定岗位在组织中的相对价值，并据此建立岗位价值序列的过程。

企业在组织岗位价值评估的过程中需要注意：

① 岗位价值评估的依据是岗位本身，而非目前岗位的任职者。

② 岗位价值评估需要成立岗位价值评估小组，由小组成员分别对每个岗位的价值进行评价。

③ 岗位价值评估之前还需要根据企业特性选择合适的岗位价值评估模型，目前国际上常用的岗位价值评估模型有 HAY 评价法、CRG 评价法、MERCER 评价法、日内瓦评价法、安达信评价法等，当然企业也可以根据自己的实际情况

进行岗位价值评估模型的二次开发。

④ 岗位价值评估必须先组织评估小组进行试评估，直至小组成员对岗位说明书、岗位价值评估模型有了统一的认知之后，才能进行岗位价值正式评估。

（3）薪酬宽带设计。汇总各个评估小组的评价数据，在进行数据有效性分析的基础上，输出岗位价值排序。并根据企业实际需要设计薪酬宽带，输出薪酬层级关系图。

【案例2-1】浙江龙腾科技薪酬宽带设计及薪酬层级关系图（表2-1～表2-5）

浙江龙腾科技是一家专门从事电子产品研发、生产与销售的企业，受该企业的委托，我们根据该企业的业务特性设计了一套岗位价值评估模型，并组织了15个小组对该企业所有212个岗位进行了岗位价值评估。在本案例中我们只选取了C层级岗位评估数据加以说明。

表2-1　浙江龙腾科技岗位价值评估模型

序号	一级评估因素	权重	分值（分）	二级评估因素	权重	分值（分）
1	对企业的影响	40%	400	1.1对收入的影响	24%	96
				1.2对成本或费用的影响	24%	96
				1.3对质量及安全的影响	12%	48
				1.4对企业未来发展的影响	40%	160
2	解决问题	21%	210	2.1岗位解决问题的复杂性	50%	105
				2.2岗位解决问题的创造性	50%	105
3	责任范围	10%	100	3.1岗位工作内容的广度	40%	40
				3.2岗位工作独立性	40%	40
				3.3岗位知识的广度	20%	20
4	监督	9%	90	4.1层次类别	40%	36
				4.2监督人数	60%	54
5	学历经验	9%	90	5.1学历	40%	36
				5.2行业经验	20%	18
				5.3岗位经验	40%	36
6	沟通	6%	60	6.1沟通频率	30%	18
				6.2沟通技巧	40%	24
				6.3内外因素	30%	18

续表

序号	一级评估因素	权重	分值（分）	二级评估因素	权重	分值（分）
7	环境风险	5%	50	7.1生理环境	30%	15
				7.2自然环境	30%	15
				7.3工作风险	40%	20
合计		100%	1000			1000

表2-2 浙江龙腾科技C层级岗位价值评估数据

岗位名称	职族序列	小组1	小组2	小组3	……	小组15	岗位价值
结构工程师	T	316	400	352	……	449	397
软件工程师	T	320	394	342	……	439	387
硬件工程师	T	306	376	343	……	420	375
人力资源主管	M	464	376	246	……	354	365
企管主管	M	365	381	279	……	421	354
生产主管	M	327	374	269	……	399	344
软件测试工程师	T	316	341	352	……	311	340
总账会计	M	332	366	335	……	365	332
技术支持主管	T	352	364	352	……	266	328
SQE	T	335	341	297	……	416	327
驻厂工程师	T	338	384	250	……	384	325
渠道管理主管	M	306	370	352	……	269	320
QE	T	335	322	289	……	416	317
资材主管	M	275	370	234	……	330	316
管理支持主管	M	306	365	352	……	266	315
备件商务主管	M	352	364	298	……	269	308
外协主管	M	275	370	253	……	244	278
检验主管	M	275	376	234	……	222	276
储运主管	M	275	376	234	……	207	273
IT主管	M	202	253	253	……	310	251
备注	职族序列中，T代表技术研发职族、M代表管理及专业事务职族						

表2-3　浙江龙腾科技C层级薪酬宽带设计

管理层级	A层级	B层级	C层级	D层级
层内级数设置	……	……	11级	……
岗位薪酬宽带	……	……	5级	……
最大岗位价值	……	……	397分	……
最小岗位价值	……	……	251分	……
最大-最小岗位价值	……	……	146分	……
层差	……	……	24.33分	……

表2-4　浙江龙腾科技C层级薪酬层级关系图

岗位名称	岗位价值（分）	C11	C10	C9	C8	C7	C6	C5	C4	C3	C2	C1
		446	421	397	373	348	324	300	275	251	227	202
结构工程师	397	■	■	■	■	■						
软件工程师	387	■	■	■	■	■						
硬件工程师	375		■	■	■	■	■					
人力资源主管	365		■	■	■	■	■					
企管主管	354			■	■	■	■	■				
生产主管	344			■	■	■	■	■				
软件测试工程师	340			■	■	■	■	■				
总账会计	332				■	■	■	■	■			
技术支持主管	328				■	■	■	■	■			
SQE	327				■	■	■	■	■			
驻厂工程师	325				■	■	■	■	■			
渠道管理主管	320				■	■	■	■	■			
QE	317				■	■	■	■	■			
资材主管	316				■	■	■	■	■			
管理支持主管	315				■	■	■	■	■			
备件商务主管	308				■	■	■	■	■			
外协主管	278						■	■	■	■	■	
检验主管	276						■	■	■	■	■	
储运主管	273						■	■	■	■	■	
IT主管	251							■	■	■	■	■

2.薪酬调查与薪酬水平设计

岗位价值评估及薪酬层级关系图解决了不同岗位在组织内部的相对价值及分布，那么每个薪酬层级具体定多少薪酬，还需要进行薪酬调查与薪酬水平设计。

（1）外部薪酬调查。薪酬水平调查是运用各种合法的手段，来获取相关企业各岗位的薪酬水平及相关信息，再对所搜集到的信息进行统计和分析，进而结合企业自身的战略目标和经营绩效，确定企业薪酬水平定位。企业可以依靠自己的资源和力量进行薪酬水平调查，也可以委托专门的机构进行，在中国专门做薪酬调查的机构有华信惠悦、美世、太和顾问、51JOB 等。

（2）确定薪酬激励策略。企业内部的岗位有管理层级之分，如A层级（高管级）、B层级（经理级）、C层级（主管级）、D层级（专员级）、E层级（作业员级），同时还有职族差异，如管理职族、技术研发职族、市场营销职族、专业事务职族、辅助职族等。在确定每个岗位薪酬水平之前，企业还需要根据发展战略、经营需要制定相应的薪酬策略，明确未来薪酬着重激励的对象，企业在制定薪酬策略的时候可以按照管理层级确定，也可以按照职族类别确定。

通常情况下，企业的薪酬策略往往会是A层级员工采用90分位值，即市场高位值；B层级员工采用75分位值；C层级、D层级员工都是采用75分位值或者50分位值，即市场中位值。而从职族来看，管理职族、技术研发职族和市场营销职族采用相对比较高的分位值，专业事务职族和辅助职族则采用比较低的分位值。当然，企业也可以根据自身实际明确激励策略。

表2-5 企业激励策略（示意）

职族序列\\管理层级	管理职族（M）	市场营销职族（S）	技术研发职族（T）	专业事务职族（P）	辅助职务（A）
A层级	90分位值				
B层级	75分位值	90分位值	90分位值		
C层级	75分位值	90分位值	90分位值	75分位值	75分位值
D层级		75分位值	75分位值	50分位值	50分位值
E层级				50分位值	50分位值

（3）薪酬水平确定。在外部薪酬调查及明确激励策略的基础上，企业就可以根据薪酬层级关系图确定不同层级、不同岗位的薪酬水平了。

【案例2-2】浙江龙腾科技薪酬水平设计（表2-6～表2-8）

接【案例2-1】，以下我们根据浙江龙腾科技所处的行业特性，在进行外部薪酬调查的基础上，结合该企业薪酬激励策略确定薪酬水平。

表2-6　浙江龙腾科技C层级薪酬水平

薪酬层级	职族	C11	C10	C9	C8	C7	C6	C5	C4	C3	C2	C1
基本年薪（万元）	M	13.1	12.4	11.7	11.0	10.4	9.8	9.2	8.7	8.2	7.8	7.3
基本年薪（万元）	T	15.7	14.9	14.0	13.2	12.5	11.8	11.0	10.4	9.8	9.4	8.8

表2-7　浙江龙腾科技C层级（M序列）薪酬层级关系图

岗位名称	职族	C11	C10	C9	C8	C7	C6	C5	C4	C3	C2	C1
		13.1	12.4	11.7	11.0	10.4	9.8	9.2	8.7	8.2	7.8	7.3
人力资源主管	M		■	■	■	■	■					
企管主管	M		■	■	■	■	■					
生产主管	M			■	■	■	■	■				
总账会计	M				■	■	■	■	■			
渠道管理主管	M				■	■	■	■	■			
资材主管	M				■	■	■	■	■			
管理支持主管	M					■	■	■	■	■		
备件商务主管	M					■	■	■	■	■		
外协主管	M					■	■	■	■	■		
检验主管	M						■	■	■	■	■	
储运主管	M						■	■	■	■	■	
IT主管	M						■	■	■	■	■	

表2-8　浙江龙腾科技C层级（T序列）薪酬层级关系图

岗位名称	职族	C11	C10	C9	C8	C7	C6	C5	C4	C3	C2	C1
		15.7	14.9	14.0	13.2	12.5	11.8	11.0	10.4	9.8	9.4	8.8
结构工程师	T	■	■	■	■	■						
软件工程师	T	■	■	■	■	■						
硬件工程师	T		■	■	■	■	■					
软件测试工程师	T			■	■	■	■	■				
技术支持主管	T				■	■	■	■	■			
SQE	T				■	■	■	■	■			
驻厂工程师	T				■	■	■	■	■			
QE	T				■	■	■	■	■			

3. 员工胜任力评价与薪酬定级

根据薪酬宽带与薪酬层级关系图已经明确了每个岗位的薪酬位置及不同层级对应的薪酬水平，那么对于每位员工而言具体应定位在哪个薪酬层级呢？

（1）胜任力评价。我们知道每个岗位都有其任职要求及标准，同一名员工在同一岗位随着其工作时间的增加，员工与岗位任职要求及标准的匹配度会发生变化。另外，如多名员工同时承担同一岗位工作的时候，由于员工个体能力与资历的差异，不同员工的岗位适岗度也会存在差异，这就需要企业根据岗位任职标准对每位员工进行胜任力评价，目前常用的评价方法有180度评价法、360度评价法、测试题库评价法、任职资格认证等。

（2）员工薪酬定级。胜任力评价结果可以分为大材小用、量才适用、小材大用3种。

根据3种结果，在确定员工薪酬层级的时候，我们假设每个岗位的薪酬宽带为5级，岗位任职要求为X，员工实际能力状况为Y：

① 当$X-Y>0$时，说明员工的实际能力没有达到岗位任职资格要求，这时候给员工做薪酬定级时只能定到薪酬宽带的中位值以下，根据实际情况可以定为1级或者2级。

② 当$X-Y<0$时，说明员工的实际能力已经超过岗位任职资格要求，这时候给员工做薪酬定级时可以定到薪酬宽带的中位值以上，根据实际情况可以定为4级或者5级。

③ 当$X-Y=0$时，说明员工实际能力刚好达到岗位任职要求，这时候给员工做薪酬定级时就可以确定在薪酬宽带的中位值3级。

4. 薪酬模式选择及多元化薪酬结构设计

岗位薪酬宽带和员工薪酬定级确定后，每位员工对应的基本年薪就明确了，接下来的工作就是要根据不同岗位的特点选择合适的薪酬模式，设计多元化薪酬结构以及专项激励。

（1）薪酬模式选择。常见的薪酬模式有很多，如年薪制、结构制、提成制、计件制、计时制、协议制等。

（2）薪酬结构设计。一般而言，企业的薪酬结构都是多元化的，这些多元化的构成包括岗位工资、年底双薪、加班工资、绩效工资、业务提成、计件工资、专项奖金、年终奖金、津贴等。很多企业甚至将它划得很细，包含多个层次及多个项目。每个企业对薪酬概念的理解不同，对薪酬构成的划分也不尽相同。从薪酬结构可以看出企业的一些个性，因为不同的薪酬构成体现出不同企业对人才价值的取向，如表2-9所示。

表2-9　不同薪酬模式的薪酬结构（示意）

薪酬模式	固定部分		浮动部分			奖金		津贴
	岗位工资	年底双薪	绩效工资	业务提成	计件工资	专项奖金	年终奖金	
年薪制	✓	✓	✓				✓	✓
结构制	✓	✓	✓			✓	✓	✓
提成制	✓	✓		✓		✓		✓
计件制	✓	✓			✓			✓
协议制	✓	✓				✓		✓

薪酬结构确定后，企业还需要确定不同人员的固定薪酬与浮动薪酬的比例，按照固定和浮动比例，我们可以分为高弹性薪酬结构（固定部分比例低，浮动部分比例高）、高稳定性薪酬结构（固定部分比例高，浮动部分比例低）和调和性薪酬结构（固定部分和浮动部分比例相当），不同的薪酬结构比较如表2-10所示。

表2-10　不同薪酬结构比较

薪酬模式	高弹性薪酬模式	高稳定性薪酬模式	调和性薪酬模式
特点	绩效薪酬所占比例很高，基本薪酬等所占比例很低	基本薪酬所占比例很高，绩效薪酬等所占比例很低	绩效薪酬与基本薪酬等各占一定的合理比例
优点	激励性很强，与员工业绩密切联系	员工收入波动很小，员工安全感很强	对员工有激励性，也有安全感
缺点	员工收入波动很大，员工缺乏安全感及保障	缺乏激励功能，容易导致员工懒惰	必须以科学合理的薪酬系统为前提
适用范围	业务人员、生产一线人员	职能部门基层员工、协议制员工	公司高管、部分中层管理人员

【案例2-3】浙江龙腾科技薪酬结构

接【案例2-2】，以下是我们为浙江龙腾科技设计的薪酬结构，见表2-11。

表2-11 浙江龙腾科技薪酬结构矩阵

职族	管理序列（M）	市场营销序列（S）	技术研发序列（T）	专业事务序列（M）
A层级	50%：50%			
B层级	60%：40%			
C层级	70%：30%	40%：60%	70%：30%	70%：30%
D层级		40%：60%	80%：20%	80%：20%
E层级		40%：60%	80%：20%	80%：20%
备注	为了解决对不同职位族的激励差异性问题，不同职位族的薪酬构成比例是不同的			

（3）专项激励设计。除了正常的岗位工资、年底双薪、绩效工资、计件工资、业务提成之外，根据需要企业还需要设置一些专项激励方案，如知识产权申请奖、项目奖金、合理化建议奖、降本增效奖、重大创新奖、精益生产奖、品质改善奖、年终奖等。

5.薪酬套算及薪酬激励体系实施

新的薪酬体系的实施，意味着企业同时要废止原来执行的薪酬方案，为了避免引起不必要的震动，企业在薪酬体系切换及实施的时候还需要注意以下几个问题。

（1）薪酬套算。薪酬套算就是根据员工薪酬定级结果与目前员工薪酬水平进行对比分析，并汇总企业总体薪酬水平变化状况。

（2）薪酬切换。根据新的薪酬体系，对于每位员工而言，其薪酬水平有可能会提升，也有可能会降低，那么如何才能保证顺利切换？

假设某一位员工为企业结构工程师，按照原来的薪酬体系其基本年薪为13.5万元。根据对该员工胜任力评价，最终该员工薪酬定级为C8级，如表2-12所示。

表2-12 某岗位薪酬层级及对应的基本年薪

岗位名称	职族	C11	C10	C9	C8	C7
		15.7	14.9	14.0	13.2	12.5
结构工程师	T				√	

在这种情况下，如何对该员工薪酬水平进行切换呢？根据我们的经验，企业有两种选择：

① 严格按照薪酬定级执行，基本年薪为 13.2 万元。

② 采用就高不就低的原则，虽然员工的能力级别只能达到 13.2 万元，但为了稳定员工，企业还是按照原薪酬水平 13.5 万元执行。这种做法的结果就是该员工确定的薪酬水平（13.5 万元）无法直接对应到新的薪酬宽带当中。

很明显，① 的方法看似科学，但在执行过程中会存在一定的风险；② 的方法表面上看似不合理，但更具操作性，企业如果采用 ② 的方法，可能担心会造成不公平，关于这个问题企业可以采取薪酬层级调整的方式加以解决。

（3）薪酬实施。当薪酬套算完成后，企业需要对全体员工进行系统培训，必要的话还需要组织员工代表大会审议，之后就可以宣布实施新的薪酬激励体系了。

四、薪酬激励体系管理

任何一个薪酬激励体系都不可能是天衣无缝的，这就需要企业在薪酬激励体系实施过程中做到动态管理。薪酬激励体系动态管理包括薪酬水平调整、薪酬层级调整、岗位价值评估、薪酬激励体系配套调整、薪酬制度调整等。

1. 薪酬水平调整

公司总体薪酬水平确定的依据是同期市场水平和企业自身的支付能力，薪酬体系在实际运行过程中，根据企业实际经营状况、通货膨胀状况和对未来经营的预期，原则上每 1～2 年就需要对总体薪酬水平进行评估和调整，确定薪酬水平增长幅度，薪酬增长幅度可能为正数、零，也可能为负数。

在这里需要特别提醒的是企业在进行薪酬水平调整的时候，一定要注意保证最低限度有意义的加薪。在实际操作过程中，很多企业会碰到类似的问题，企业每年都为员工涨工资，并且在这方面的支出也不少，但结果并不理想，因为员工觉得这是他们应该得到的，甚至会觉得公司的加薪幅度根本不足以弥补因通货膨胀、社会经济增长、消费水平的提高等外部因素的影响而使员工日常开支增长的幅度。这个结果企业是不愿意看到的，因为企业是通过减少当期利润来为员工涨工资，期望通过涨工资来进一步激发员工工作的积极性和主动性。

2. 薪酬层级调整

除了整体薪酬水平的调整，企业每年还需要根据员工个人绩效表现，对员工个人薪酬层级进行动态管理。薪酬层级的调整分为常规性调整和非常规性调整两种，其中常规性薪酬层级调整是指企业根据员工上一年度绩效成绩对员工薪酬层级进行调整。常规性调整又分为3种，即薪酬层级晋升、薪酬层级降低、薪酬层级维持不变，常规性薪酬层级调整每年进行1次。非常规性薪酬层级调整是指企业对为企业做出特殊贡献，或者存在重大工作过失的员工进行的薪酬层级晋升或降低，非常规性薪酬层级调整可以根据实际情况随时进行。

3. 岗位价值评估

我们知道，企业的组织职位体系不是一成不变的，随着企业组织职位体系的调整，岗位职责及任职资格会随之调整，不同岗位的价值也会随之发生变化，因此建议企业每隔1～2年对内部岗位价值重新进行评估一次，以确保岗位价值分布合理。如果发生组织重大调整的，就应该及时按照新的组织体系进行岗位价值评估。

4. 薪酬激励体系配套调整

任何一个薪酬激励体系都会有很多配套制度，如业务人员提成管理办法、提成制管理办法、绩效管理办法、年终奖金管理办法、专项激励方案等，为了确保薪酬激励体系的激励性，企业需要每年都要对这些配套制度进行修正和优化。

5. 薪酬制度调整

根据企业战略调整、激励重点及国家相关法律法规的变化，企业薪酬制度本身也需要及时进行审计和修正。

第三章

福利激励

一、解除员工后顾之忧

二、福利激励体系设计

三、企业福利发展趋势

四、福利让员工更忠心

一、解除员工后顾之忧

前文提到工资决定员工"来不来",奖金体现员工"好不好",福利影响员工"走不走"。可见,福利对于企业留人来讲其价值是非常大的。

1. 企业福利管理怪现状

福利是员工的间接报酬,一般包括健康保险、带薪假期、过节礼物或退休金等形式。绝大多数企业经常会面临这样的困惑,企业每年在员工福利方面的投入很大,但很多员工并没有感受到,甚至有些员工认为企业根本就没有什么福利,最终导致企业不满意、员工也不满意,造成这种结果的主要原因还在于企业没有对福利体系进行系统规划和实施。

(1)不发福利,员工不满意。假设企业连基本的福利都没有,比如说没有社保、没有过年过节费、没有年假……我想员工肯定不会满意。

(2)发福利,员工也不满意。但有一个很现实的问题,很多企业的福利项目一成不变,不考虑员工的实际需求,导致即便是给员工发了福利,也并不代表员工就是满意的。

(3)不发福利,老板不愿意。不论是基于用人、留人的需要,还是对员工的关怀,抑或是满足国家相关法律法规的要求,很多企业的老板都还是愿意发福利的。

(4)发福利,老板也不愿意。一方面企业老板是愿意发福利的,但如果发出去的福利员工没有感受到,或者员工并不买账的话,老板又会觉得发福利白花钱,还不如给每位员工涨点工资。

造成以上问题的原因何在?根据我们的分析,员工对福利不满意的原因有两个,其一,是企业发的福利不是员工想要的;其二,是企业发的福利员工根本就没感受到。同理,老板对福利不愿意的原因也有两个,其一,福利没有起到应有的价值;其二,老板认为福利是花冤枉钱,打水漂。

2. 重新认识福利

有人打了一个形象的比喻,企业的"企"是从"人"开始,有了人便有了企业；反过来讲，"企"又是"止"于"人"，离开了人也就不存在企业。正因为如此，不论是什么行业的企业、什么背景的企业，也不管是多大规模的企业，只要企业正常运转就离不开对人的管理。

根据马斯洛需求层次理论，我们知道每位员工的需求可能是不同的，这与员工当时所处的环境及扮演的角色有很大的关系，对于一个企业的员工而言，他同时会扮演不同的角色，同时也会有不同的需求。

首先，每位员工是一个自然人，需要满足吃、喝、拉、撒等基本的需求；其次，他也是一个社会人，因为人总是劳动、生活在一定的社会关系之中；再者，他还是一个家庭人，他需要肩负家庭赋予的责任和担当；最后，作为一种特殊的社会属性，员工还是一个企业人，他需要与企业的价值理念高度一致，遵循企业的规章制度，履行企业赋予的使命和职责，完成企业下达的各项工作目标，为企业创造价值。

马克思说过：人的本质不是单个人所固有的抽象物，在其现实性上，它是一切社会关系的总和。既然如此，人的一切行为不可避免地要与周围的其他人发生各种各样的关系，如生产关系、亲属关系、雇用关系、同事关系、朋友关系等。生活在现实社会中的人，必然是生活在一定社会关系中的人，这种复杂的社会关系就形成了人的社会属性，人的社会属性要求他必须遵守基本的社会伦理和法律法规，担当相应的社会责任。

（1）人的自然属性及需求。人的自然属性，也称为生物属性。具有生物属性的人，为了求得生存与种族繁衍，为了获得更高的生存质量，便有了与生俱来的适应这种生命需求与生理需求的人的生物本性。人的自然属性会表现出不同的形式，如生与死、逸与劳、贵与贱、富与贫、美与丑、奖与惩、乐与苦。一事当前，每个人都会本能地追求那些前者，而躲避那些后者，这是人的本性使然，这就是我们通常所说的人的本性是趋利避害、追求快乐而逃避痛苦的。另外，人的自然属性是与生俱来的人的禀赋，是千百年来融入人类灵魂的潜意识，是人的最基本的生理需求和心理需求，是每个个体都具有的共性特征。

既然每个人的灵魂深处都有着同样的本性，因而人活着就要为本性的需求而奋斗。人的自然属性的孪生兄弟是人的欲望。欲望就是追求实现人的本性的愿望，每个人的欲望都是向着人的自然属性指引的方向，追求"生"，追求"逸"，追求"贵"，追求"富"，追求"美"，追求"奖"，追求"乐"，同时抵制"死"，抵制"劳"，抵制"贱"，抵制"贫"，抵制"丑"，抵制"惩"，抵制"苦"。

（2）人的社会属性及需求。人的社会属性与人的自然属性两者之间是制约与被制约的关系，即人的社会属性制约着人的自然属性的实现。每个人都要在群体的社会中生存，所以个人对本性和对欲望的追求，其行为及其结果，从社会性的角度来说，会向着两个方向发展：一是当人对欲望的追求途径与结果，有利于社会公共利益，至少是不损害公共利益时，人的这种追求是促进人类社会发展与进步的原动力；二是当人对欲望的追求途径与结果，损害了社会公共利益，与社会的公共利益发生冲突时，人的这种追求就是妨碍社会发展与文明进步的阻力。

（3）人的家庭属性及需求。每个人在家庭中都会扮演不同的角色，父亲、儿子、兄妹、丈夫、妻子等，不同的角色要求承担的责任是不同的，但有一点是共同的，那就是每个人必须为了家族传承、种族延续定位自己的角色。

（4）人的企业属性及需求。对于企业的员工而言，除了具有自然属性和社会属性之外，还具有企业属性，因为他还是一个企业人。不同的企业对于员工的要求是不同的，如积极、诚信、奉献、担当、激情、双赢、责任心、主动性、纪律性、团队精神、个体服从集体等。同样作为企业的一员，员工的需求可能是稳定且具有挑战性的工作、具有竞争力的薪酬、人文关怀、较好的福利、被尊重等，如图 3-1 所示。

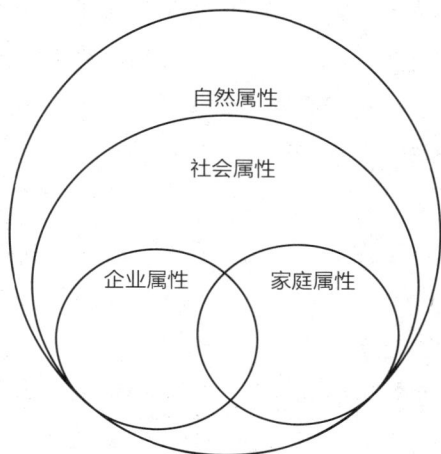

图3-1　人的属性

不论是自然属性，还是社会属性，抑或是特殊社会属性的家庭属性、企业属性，为了满足各个属性的需求，任何人都肩负着相应的使命。马克思曾经说过：作为一个确定的人，现实中的人，你就有规定，就有使命，就有任务，至于你是否意识到这点，那是无所谓的。这个任务是由于你的需要及其与现存世界的真实联系而产生的。根据马克思的观点，使命是与生俱来的，而且是客观存在的，不以人的意志为转移，对于人的自然属性而言，使命可能是种族延续；对于人的社会属性而言，使命可能是做一个有益于社会的人，成为社会需要的栋梁之材；对于人的家庭属性而言，使命可能是发扬家族传统；对于人的企业属性而言，使命可能是帮助企业赚到更多的利润。总之，人的不同属性背后都会有相应的使命，因此一个人必须通过努力工作来践行自己的使命。

不同的属性对人的要求是不同的，为了满足自然属性的各种欲望，人必须通过其社会属性和企业属性来实现。比如，一个人要满足自己摆脱饥饿的自然属性，必须通过努力在社会和企业中获得更高的报酬和社会地位来实现。所以说，企业对员工的激励，不能简单割裂地只关注员工的企业属性，需要综合考虑不同员工的不同属性。

现在很多企业的人力资源管理及员工激励体系，更多只是关注员工的企业属性，而忽略了对员工的社会属性、家庭属性和自然属性的关注，员工在企业的工作时间每天只有 8 小时，8 小时之内员工履行的是企业属性的角色，而 8 小时之外他还需要履行家庭属性以及其他社会属性的角色。企业如果通过一些激励手段帮助员工更好地履行企业属性之外的其他需求，员工对企业的忠诚度就会大幅度提升，在所有的激励手段中，福利是最有可能帮助企业实现这一设想的。因为不论是薪酬激励、股权激励、授权激励、工作激励、愿景激励，还是事业激励都是以员工所处岗位为基础的，而福利可以从岗位扩展开来，延伸到员工家庭属性的需求，如子女教育、家庭理财、父母关怀及照顾、家庭商业保险、家庭旅游等领域，解决员工后顾之忧，确保员工一心一意为企业创造价值，这是福利与其他物质激励本质的区别。

3. 福利激励的价值体现

一套完善的福利体系对吸引和留住员工是非常重要的，同时它也是衡量企业激励体系是否健全的一个重要标志。如果企业的福利体系是健全的，它既可以给员工带来方便，解除员工的后顾之忧，增加员工对公司的忠诚度，也可以弥补薪酬体系存在的不足，更重要的是福利体系还可以让员工更加富有激情地为企业奋斗。

（1）福利可以帮助员工排忧解难。假如你是一名户口不在本地的员工，为了解决孩子就学的问题很头疼，这时候人力资源部告诉你这件事情可以完全交由公司来解决，作为员工的你会怎样想？假如你的妻子要过生日，你却因为工作繁忙而无法为心爱的妻子准备生日宴会，但只要你告诉公司的"服务中心"，即可帮你办得妥妥的，作为员工你会怎样想？再如，因为你负责的项目进度要求很紧，你打算利用春节假期带父母去出国旅游的心愿又要泡汤了，而今年你作为优秀员工，公司的奖励就是带着父母去欧洲旅游，而且是有薪假期，作为员工的你又会怎样想？

随着企业对员工激励的重视度不断提升，一些企业逐渐发现，能为员工节省时间的福利，不但能帮助员工解决不少实际问题，而且也是企业激励员工的一大利器。便利了员工的生活，节省了员工的时间，那节省出的时间是不是可以让员工努力地为企业奋斗呢？这个道理不言喻。所以很多企业在写字楼里办食堂，在公司里面办幼儿园，员工可以将自己的宠物带到公司，在公司里面办职业技术培教育，为员工配置专职心理辅导师、理财辅导师等福利措施就不足为奇了。用便利的生活方式激励你的员工吧！你会发现：员工为企业奋斗的劲头是多么的强大，为企业带来的效益是多么不可思议！

（2）完善的福利体系可以营造出积极向上的竞争氛围，激励员工的进取心，吸引更多、更好的人才加盟，从而激活组织的创造性和动态性。

（3）由于全体员工都享有充分的福利，可以减少由于薪资不同而造成的差别感，从而减少员工之间的利益摩擦，增进员工之间的集体荣誉感和团队意识。

（4）福利可以节省企业成本，许多福利方案为企业提供了免税增加报酬的方法。其中一个重要的福利方案就是企业将固定工资变成了可变成本，这是一种将企业总效益与报酬结合在一起的方法，因此绝大多数企业都采用了这个方案。

4. 福利激励体系设计原则（图 3-2）

与薪酬激励体系设计一样，福利体系设计同样需要遵循自己的原则，即差别性原则、弹性制原则、与企业发展阶段相结合的原则、与员工绩效表现相结合的原则、与企业经营业绩相结合的原则。

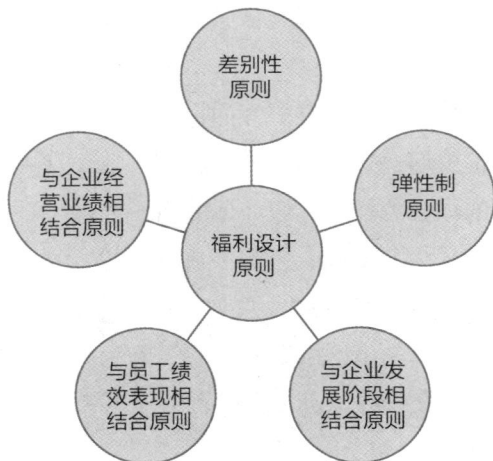

图3-2　福利设计原则

（1）差别性原则。由于员工在不同的年龄阶段、不同的家庭背景对福利项目的需求是不同的。年轻的员工可能面临着购房和竞争压力，自然希望公司提供住房补助，也会考虑选择那些对提升工作竞争力有帮助的福利，比如放弃旅游和休假，转向选择培训或进修，让福利成为提升竞争力的润滑剂。而中年员工则偏重于医疗和养老方面的需求。如果企业统一给定，而员工无选择的权力，那么员工并不一定满意，也不能很好地激励员工。所以要想让福利项目起到较好的激励效果，首先要对员工的需求情况进行分析，再设计出有针对性的福利计划。

（2）弹性制原则。现在有些公司已经出现了菜单式的福利形式，在每一项福利项目中都会标上一个"金额"作为"售价"，每一个员工则根据自己的薪资水准、绩效考核结果、服务年限、职务高低或家庭情况等因素，得到数目不等的福利限额，员工再以分配到的限额去认购所需要的福利；甚至还规定，员工当年如未用完自己的限额，其余额还可折算成现金或累积到下年度继续使用，无论对于企业还是员工来说，这无疑是一个双赢法则。

（3）与企业发展阶段相结合原则。企业的发展会经历初创阶段、成长阶段、成熟阶段和衰退阶段等不同的发展阶段，从图3-3可以看得出来，不同发展阶段员工激励中工资、奖金和福利的占比是不同的。初创阶段由于企业刚刚起步，不可能为员工提供丰富的福利项目，此时激励员工主要靠工资；而随着企业发展从成长到成熟，福利在员工激励体系中占的比重就越来越大，这时候福利对员工的激励效果也会越来越明显。

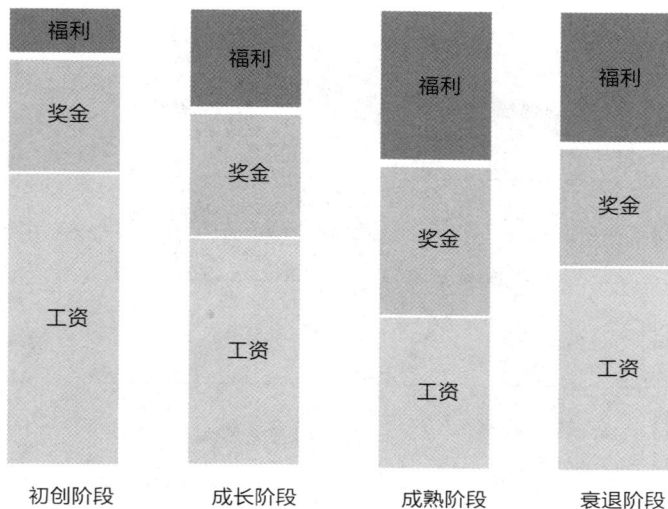

图3-3　企业不同发展阶段中不同激励的占比

（4）与员工绩效表现相结合原则。除了法定福利之外，其他福利项目的设置最好能与员工个人的绩效表现挂起钩来，这样就会让工作优异的员工享受更加丰厚的福利待遇。

（5）与企业经营业绩相结合原则。福利固然重要，但也不能脱离企业经营实际，因此福利的项目及额度的设置最好能与企业经营目标及经营业绩挂钩，这样可以从另一个角度激励员工关注企业经营业绩，回归经营的本质。

二、福利激励体系设计

一般来说，员工的福利项目分为两类，一类是强制性福利，企业必须按政府规定的标准执行，如养老保险、失业保险、生育保险、医疗保险、工伤保险、住房公积金、法定节假日等；另一类是企业自行设计的补充福利项目，常见的有人身意外保险、家庭财产保险、旅游、餐补、提供住房、过节费、购房支持计划、带薪假期、培训费、补充养老计划或企业年金等项目。

马斯洛需求层级理论告诉我们，一个人的需求从高到低可以分为生理需求、安全需求、社交需求、尊重需求、自我实现需求，与之相对应的企业福利项目也有很多，如图3-4、表3-1所示。

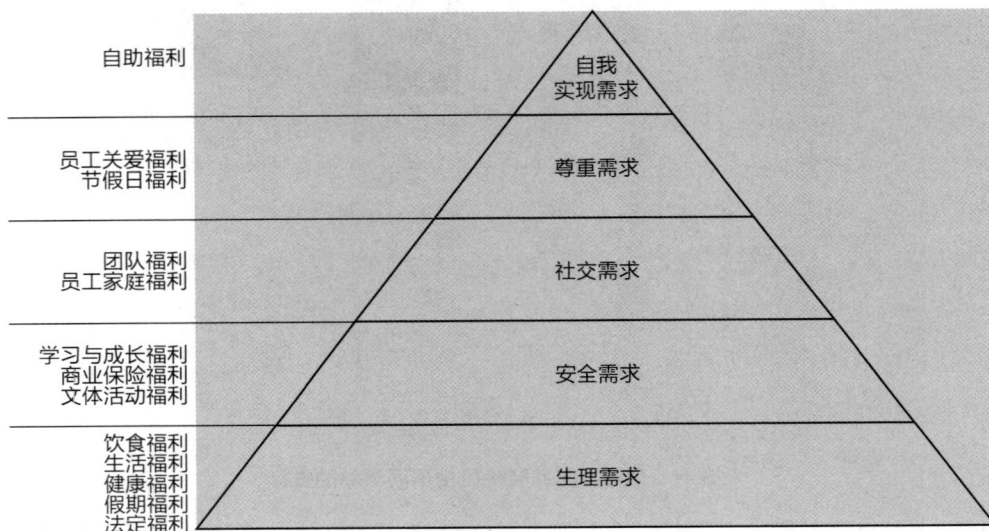

图3-4　马斯洛需求层次理论与福利

表3-1　福利项目（示意）

马斯洛需求层次	福利类别	福利项目
生理需求	法定福利	养老保险、医疗保险、失业保险、工伤保险、失业保险、住房公积金等
	假期福利	年假、产假、陪护假、丧家、病假、婚假、探亲假等
	健康福利	健康检查、预约挂号、医疗门诊、健齿、心理咨询、健身卡、私人教练等
	生活福利	购房贷款、购房补贴、租房补贴、电影票、机票、火车票、购物优惠、水电费代缴、移民服务、专车服务、洗衣服务、擦鞋服务、班车服务等
	饮食福利	免费工作餐、下午茶点、有机蔬菜、咖啡券、餐饮券等
安全需求	文体活动福利	员工运动会、网球会、篮球队、足球队、乒乓球俱乐部等
	商业保险福利	人身意外险、子女教育险、大病医疗险、补充养老计划、企业年金等
	学习与成长福利	企业大学、线上学习、培训课程、拓展训练、企业图书馆、学历教育、海外考察、访问学者、同行企业参观等

续表

马斯洛需求层次	福利类别	福利项目
社交需求	员工家庭福利	员工家庭旅游、家庭理财、员工子女教育、员工父母照顾等
	团队福利	部门活动、企业联谊等
尊重需求	节假日福利	春节福利、端午福利、中秋福利、司庆福利、古尔邦节福利、泼水节福利等
	员工关爱福利	生日会、部门活动、老员工旅游等
自我实现需求	自助福利	个人旅游、购物福利、出国深造、定制福利等

【案例 3-1】浙江龙腾科技基于积分制的员工福利计划

第一条　总则

为了鼓励员工关注公司重点工作事项的落实，在公司建立和倡导正激励文化，最大化发挥福利的激励作用，特制定本办法。

第二条　范围

本办法适用于公司年度关键工作事项激励。

第三条　术语

1. 积分是一种公司内部的激励措施，根据每年年度经营计划各部门归属的关键事项由公司确定对应标准积分，并根据关键事项达成状况进行评估最终积分。

2. 积分是员工享受法定福利之外其他福利的必要条件，员工可以用自己的积分消费公司对等计分标准的任何福利。

第四条　职责

1. 人力资源部：人力资源部为公司积分管理归口部门，负责各关键事项积分评定及员工积分档案建立、积分兑换实施。

2. 各部门：负责部门归口关键事项实施，并根据参与人员的贡献进行积分分配。

第五条　工作程序和要求

1. 积分标准：公司根据关键事项重要性及难易程度确定对应积分标准，具体见表 3-2。

表3-2 积分标准对照表（单位：分）

难易度\重要性	公司级	事业部级（系统级）	部门级
难	3500	2500	1500
较难	3000	2000	1000
简易	2500	1500	

2. 个人积分获取：个人主要通过承担年度经营计划关键事项，或承接关键事项的某个或某一些工作任务而获得积分。

3. 积分分配。

3.1 分管领导根据部门年度目标责任书中关键事项对应标准积分及达成状况确定实得积分。

3.2 关键事项的主要负责人获得30%的积分，即30%×实得积分；其余70%由该关键事项的主要负责人组织参与人员进行工作量评估，并按工作量计算参与人员获取的相应积分，即工作量×70%×实得积分，此部分分配的主要原则是向项目成员倾斜为主的原则。

3.3 关键工作事项完成后，关键工作事项的主要负责人需要组织成员进行工作量的评估，并填报"个人积分分配表"，需要获得超过2/3的成员同意方可有效。

4. 积分使用。

4.1 员工个人积分管理：由人力资源部建立个人积分卡，每月初统计积分增加明细，经主管副总经理批准后计入个人积分卡。

4.2 员工个人积分每月10日前对外公布，如员工有异议可要求人力资源部复查数据，复查需在5个工作日内完毕，并经人力资源部部长审核后进行调整。

4.3 员工个人积分累积到一定分数后，每月可以换取相应的公司实物福利，兑现实物由公司采购部统一采购，人力资源部统一确定换取积分并发放实物福利。

4.4 员工个人每月10日前需要向人力资源部提交"个人积分使用申请表"，在履行相关程序审批后，个人获取相应福利后，人力资源部扣除已使用的个人积分。

4.5 员工个人积分从积分获取到使用不得超过 12 个月，可跨年使用，但超过 12 个月则被清零处理。不管员工以任何形式的离职，福利积分将清零；一旦再入职，福利积分重新开始计算。

4.6 人力资源部在公司设立内部"福利站"，每月 28 日开放（节假日顺延），依员工申请进行相应福利发放，并做详细登记与领取签名。

第六条　相关文件

"部门年度目标责任书""个人积分分配表""个人积分使用申请表"。

第七条　附加说明

本制度由公司人力资源部负责起草，经公司总经理审批后实施。本制度自 2020 年 1 月 1 日起正式生效。

三、企业福利发展趋势

随着企业对福利越来越重视，福利激励已经成为现代企业员工激励不可或缺的手段和方法，而且福利也逐步向目标化、个性化、弹性化、社会化和走心化发展，如图 3-5 所示。

（1）目标化。在重视福利的同时，越来越多的企业开始考虑将员工福利与企业经营目标的达成挂钩，用福利引导员工向企业经营目标看齐。

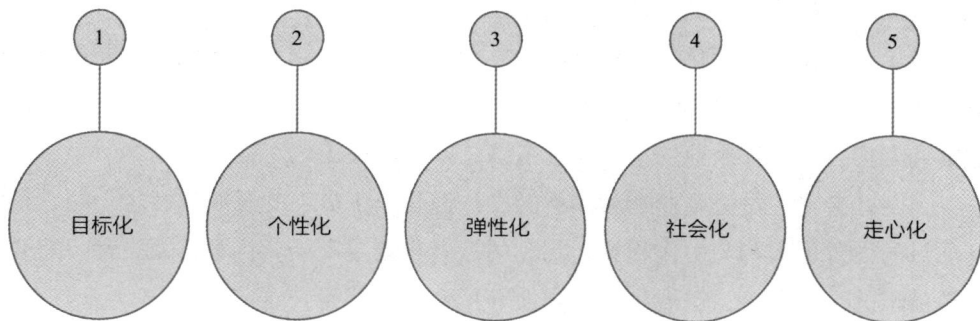

图3-5　福利发展趋势

【案例3-2】江苏新机电员工福利

江苏新机电是一家销售型公司，该公司将员工旅游与年度销售目标达成挂钩，如表3-3所示。

表3-3　江苏新机电员工旅游标准

销售目标完成率（X）	70%及以下	70%～75%（含）	75%～80%（含）	80%～90%（含）	90%～100%（含）	100%以上
人均旅游标准	1200元	1800元×(1+X-70%)	2500元×(1+X-75%)	4000元×(1+X-80%)	5000元×(1+X-90%)	6000元×(1+X-100%)

（2）个性化。每位员工所处的家庭环境、社会环境、职业背景是不同的，因此对福利的需求也是千差万别的。如对于一名新员工而言，他对福利的诉求可能是学习机会、培训；对于一名处于哺乳期的员工来讲，她对福利的诉求可能是弹性制工作时间；对于一名外地的员工而言，他福利的诉求可能是有带薪休假期……总之，不同员工对福利的诉求不同，这就要求企业在进行福利体系设计的时候充分考虑员工个体差异，而不是搞一刀切。

有家企业中秋节给员工发福利，标准为500元/人，人力资源部了解到有位员工刚生了一对双胞胎，就用这位员工的中秋福利为其买了一辆双座童车，这位员工很感动，认为企业福利真的做到了人性化。

（3）弹性化。弹性化与个性化不同，个性化是以企业为主来挖掘不同员工对福利的诉求，进而制订相应的福利方案；而弹性化则是完全由员工自己设计自己的福利方案，只要在企业的福利额度范围之内，由员工确定福利计划。

（4）社会化。过去企业福利体系的设计都是基于员工的企业属性之上的，福利项目的设置也大都与工作相关，福利的社会化则要求企业福利体系设计一定要超越员工的企业属性，扩展到家庭属性等社会属性层面。

（5）走心化。很多企业的福利体系为什么会出现前文提到的"不发福利，员工不满意""发福利，员工也不满意""不发福利，老板不愿意""发福利，老板也不愿意"的怪圈，最根本的原因就在于"不走心"！

四、福利让员工更忠心

综上所述，我们把企业福利激励的核心总结为"三心"，即贴心、开心、忠心。

1. 贴心

福利需求调查、福利项目设计、福利激励手段、福利享受群体、福利发放形式等一定要做到走到员工心里去，让员工觉得自己享受的每一份福利都是量身定做的，让员工在享受每一份福利的时候都充满感动。

2. 开心

福利作为赫茨伯格双因素理论当中非常重要的一项保健因素，福利项目的设置对消除员工抱怨、提升员工满意度起着至关重要的作用，因此企业必须明确地知道，好的福利一定可以换来员工的开心。

3. 忠心

员工满意度提升了，员工的敬业度也会随之提升，试想一下企业通过福利体系让"贴心换开心，开心变忠心"，这是一件多么重要而有意义的事情啊！

第四章 股权激励

一、给员工一个"金手铐"

二、常见的股权激励模式

三、股权激励体系设计

四、员工股权激励管理

一、给员工一个"金手铐"

作为企业管理者，无不希望自己的员工为实现企业的经营目标而不懈奋斗，而员工也无不是想通过自己的努力，满足自己各种层次的需要。企业所要做的绝不仅仅是满足员工低层次的需要，而是要完全调动员工工作积极性。怎样才能让员工可以全力以赴地为企业奋斗呢？目前比较流行的一种激励制度就是股权激励制度，俗称"金手铐"。

中兴通讯创始人侯为贵曾经说过：企业财富是由员工创造的，企业利润要最大化地回报员工，要让员工共享企业发展成果，这样的企业才最具潜力。他认为，对优秀的人才要有优厚的待遇给他，包括期权、股权、分红权，不能光靠口号、思想工作来激励，光讲奉献是不现实的。在一个企业的分配政策中，要让人才感到付出与回报平衡，这样才能发挥队伍的潜力，留住优秀人才。

大家熟悉的华为"工者有其股"的激励体系为华为的崛起起到了非常重要的推动作用，华为实施的虚拟受限股是华为工会授予员工的一种特殊股票，拥有虚拟股票的员工可以分享公司的利润分红以及对应部分的公司净资产增值，但不享受所有权、表决权，也不能转让和出售，在员工离开公司时，员工所持有的股票由公司工会回购。

1. 什么是股权激励

股权激励制度是企业对参与企业经营的核心员工着眼企业长期稳健发展和长期收益而采取的激励方式，股权激励只是一种统称，具体的激励方法有很多，比如股权、虚拟股份、股票期权、股票增值权、业绩股票、员工持股计划、期股、期权、合伙人计划等。

请注意，企业实施股权激励的重点在于未来的价值创造，这一点与企业薪酬激励、福利激励的着眼点是完全不同的。另外，股权激励就是企业拿未来的钱激励当下的员工，而薪酬、福利则是拿现在赚的钱来激励当下的员工。

股权激励不仅限于上市公司，非上市公司也可以对员工采取股权激励。另外，股权激励也并非要等到企业成熟期的时候才来考虑，企业在初创期、成长期、成熟期都可以实施股权激励，只不过享受的人群及激励手段有所区别。

2. 哪些人需要股权激励

比尔·盖茨曾经说过：如果把我们最优秀的 20 名员工拿走，我可以说微软将变成一个无足轻重的公司。无独有偶，前可口可乐 CEO 罗伯特·伍德鲁夫也曾经说过：假如可口可乐的所有工厂在一夜之间被大火全部烧毁，只要核心员工还在，它就能在一夜之间起死回生。还有汉高祖刘邦也曾经说过：夫运筹帷帐之中，决胜千里之外，吾不如子房。镇国家，抚百姓，给馈饷，不绝粮道，吾不如萧何。连百万之军，战必胜，攻必取，吾不如韩信。此三者，皆人杰也，吾能用之，此吾所以取天下也！

不论是比尔·盖茨、罗伯特·伍德鲁夫，还是刘邦，他们都非常清楚不论一个企业的经营，还是一个国家的治理都需要核心人员，这些核心人员对企业经营、国家治理都起着至关重要的作用。企业进行股权激励体系设计，就需要找出那些对企业中长期经营目标实现和价值创造起至关重要作用的核心员工，并对他们实施股权激励。

在企业内部，纵向由经营层、管理层、执行层、作业层等不同层级的员工构成，横向由管理职族、市场营销职族、技术研发职族、专业事务职族、辅助职族等不同职族的员工构成，哪些员工需要进行股权激励呢？

一般而言，我们把能够享受企业股权激励的员工称之为核心员工，那么什么样的人才是核心员工呢？老员工？公司高层？公司中层？研发人员？还是营销人员？管理人员？这就需要企业建立核心员工的识别和筛选模型。

核心员工需要从以下三个维度进行识别：

（1）是否与公司战略实现密切相关，是否直接影响企业战略目标顺利实现。

（2）员工所处岗位是否是公司核心岗位，而且员工与岗位任职资格高度匹配，适岗度高。

（3）员工对公司的使命、愿景及核心价值理念是否高度认同。

3. 股权激励价值体现

股权激励着眼于企业未来的价值创造，激励的对象是企业的核心员工，这就注定是一件至关重要的事情，其价值主要体现在以下几点。

（1）企业未来价值创造。前文已经提到"股权激励说白了就是拿未来的钱激励当下的员工"，不论是股权激励、期权激励、期股激励，还是利润分红，都是着眼于通过大家的共同努力，在未来的某一个时间点创造更多的价值。

（2）给核心员工一个"金手铐"，与公司一起长期发展。"金手铐"的意思有两层，其一可以牢牢地拴住核心员工，使之与企业同呼吸、共命运，由于股权激励是与企业经营目标的实现直接挂钩的，如企业经营不善，激励对象也要承担相应的风险；其二因为是"金手铐"，对每位核心员工都会产生极强的诱惑力和激励性，股权激励是在基本年薪、福利体系之外的激励部分，因此对于核心员工而言，如企业经营业绩优秀，他们则可以从中得到更多收益。

（3）增强企业内部凝聚力。核心员工在企业内部的价值至关重要，如果核心员工与企业保持高度的一致性，对企业产生极强的归属感，势必会影响更多的员工与企业共同发展。

4. 股权激励原则

与薪酬激励、福利激励一样，企业在进行股权激励政策制定与实施的过程中，也需要遵循因地制宜、公平公正、力度适中、动态管理原则，如图4-1所示。

（1）因地制宜原则。股权激励的方法有很多，股权、期股、期权、合伙人计划、利润分红等，针对不同的员工群体、企业发展的不同阶段和业务特征，企业需要量体裁衣，选择适合自己的激励模式、激励力度、激励对象、激励周期等。

（2）公平公正原则。股权激励对每一位员工而言都是极具诱惑力的，因此企业在进行股权激励体系设计的时候一定要体现公平公正，公平对待每一位员工，对队伍中符合股权激励的员工要做到公正对待。

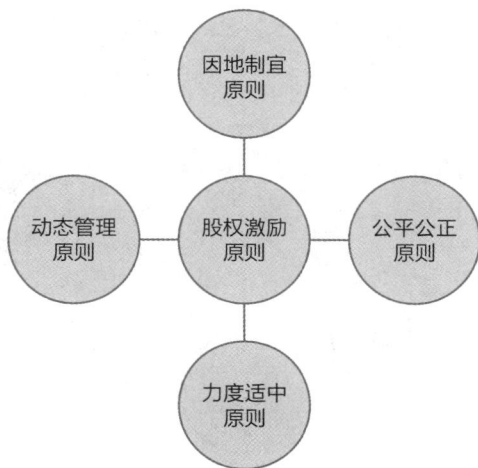

图4-1　股权激励原则

（3）力度适中原则。力度适中原则体现在五个方面：第一，企业在选择激励对象的时候，激励面不能太窄，也不能过宽；第二，每个人的激励额度不能太大，也不能太小；第三，企业用来做股权激励的比例不能过大，也不能过小；第四，确定激励时限和周期的时候，不宜过长，也不宜过短；第五，确定企业经营目标的时候，不宜过高，也不宜过低。

（4）动态管理原则。动态管理原则体现在两个方面：第一，随着企业发展战略、组织体系、发展阶段、模式创新、价值链重组等因素的影响，企业股权激励方法需要动态调整；第二，激励对象的进入与退出、激励额度的多与少、激励周期的长与短也需要动态管理，对于股权激励的准入以及退出条件进行明确定义。

二、常见的股权激励模式

股权激励是一种长期激励的通称，目前社会上通用的股权激励模式有期股模式、期权模式、股票期权模式、限制性股票期权模式、虚拟股权模式、业绩股票模式、股票增值权模式等很多种，如图4-2所示。

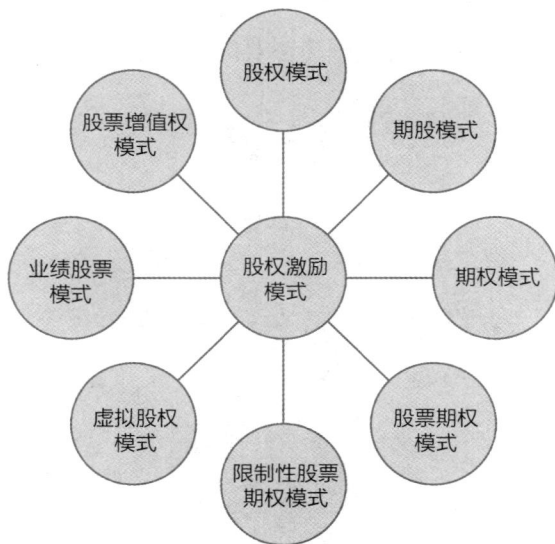

图4-2　股权激励模式分类

1. 股权模式

股权激励是企业对于核心员工激励的最高境界，股权激励是指公司通过股权形式给予核心员工一定的经济权利，让核心员工以股东身份参与公司决策、享受利润分红、承担风险，从而尽心尽责地为公司长期发展服务的一种激励办法。

股权激励有两种典型的方式，其一为存量转让，也就是现有股东以一定价格向激励对象直接或在设立持股平台间接转让股份；其二为增量入股，也就是激励对象在当前时点以一定价格参与公司增资扩股，并享有相应股权。

2. 期股模式

期股激励是先给予符合条件的核心员工一部分虚拟股权，只享受分红而没有所有权，通过逐年分红及业绩考核符合享受条件后将虚拟股权转为股份所有权。

3. 期权模式

期权激励是符合条件的核心员工在未来一定期限内以预先确定的价格和购买条件购买公司一定数量股票的权力，激励对象有权行使这种权力，也可以放弃这种权力，期权分为职务期权、购买期权两种。

4. 股票期权模式

股票期权激励是公司给予符合条件的核心员工在交付了期权费后即取得在合约规定的到期日或到期日以前按协议价买入或卖出一定数量相关股票的权力。

5. 限制性股票期权模式

限制性股票期权激励是指公司以奖励的形式直接赠予管理者，作为激励其成为公司的成员或继续在公司服务的一种股票期权。其限制条件在于，当被奖励者在奖励规定的时限到期前离开公司，则公司将收回这些奖励股份。

6. 虚拟股权模式

虚拟股权是授予符合条件的核心员工一部分虚股，只享受分红权而不享受所有权，一般而言，虚拟股份最好由工会持股有或注册的持股平台持有。虚拟股权激励可以分为溢价型、股利收益型、内部价格型三种。目前，华为实施的就是虚拟股权激励模式。

7. 业绩股票模式

业绩股票激励指在期初确定一个较为合理的业绩目标，如果激励对象到期末时达到预定的目标，则公司授予其一定数量的股票或提取一定的奖励基金购买公司股票。

8. 股票增值权模式

股票增值权是公司给予符合条件的核心员工享有一定数量公司股票增值部分的权利，股票增值 =（期末股票市价 – 约定价格）× 股票数量，享有股票增值权的激励对象不实际拥有股票，也不拥有股东表决权、配股权、分红权。

当然除了前面提到的 8 种常见的股权激励方法之外，还有诸如核心员工共同投资发展新业务、员工持股计划、合伙人计划、利润分红等股权激励手段，企业究竟选择哪种方法，需要综合考虑企业的各方面的因素去做选择。

三、股权激励体系设计

员工股权激励体系设计会直接影响企业长期稳健发展，也涉及核心员工长期收益与持续激励问题，因此这项工作的开展必须清楚规划以下 12 项核心工作，如图 4-3 所示。

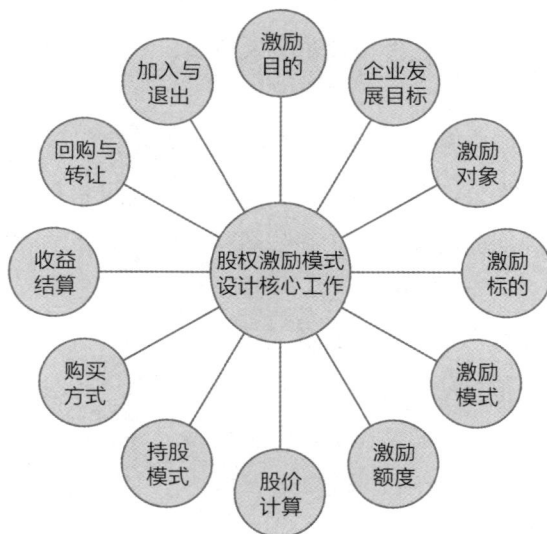

图4-3　股权激励模式设计核心工作

1. 激励目的定义

从宏观的角度来看，实施股权激励的目的无非三点：第一，实现企业长期经营目标，确保企业稳健、可持续经营；第二，稳定与激励一批员工与企业同呼吸、共命运，让更多员工参与并关注企业经营结果，共同为经营目标的顺利实现而努力；第三，给核心员工享受企业经营红利的机会，让核心员工实现财富倍增，留住核心员工在企业长期发展。

但由于激励对象不同、激励主体不同、激励模式不同以及激励额度的选择，企业实施股权激励的目标也可能存在差异，所以说，企业在进行股权激励体系设计的时候，首当其冲地就要清晰定义激励目的，并让所有员工都能清楚。

2. 企业发展目标定义

实施股权激励的出发点就是要基于未来更大的价值创造，因此企业在实施股权激励方案之前，还需要对未来的价值创造目标进行定义。

定义企业发展目标时需要注意：

（1）目标必须有挑战。简单理解，就是目标必须跑赢同行平均水平。

（2）目标必须与战略紧密相连。企业未来发展目标需要交给发展战略去回答，目标实现的路径和方法也要与业务战略、职能战略及核心能力相匹配，因此，股权激励目标的设定就必须与企业发展战略保持高度紧密联系。

（3）目标必须可量化。与股权激励相关的目标可能是利润目标，也可能是销售收入目标，还可能是资产增值目标，但不论是哪种目标，都需要明确、量化，而且经过分解。

（4）目标必须有明确的责任人。每项目标都要有明确的责任人或者责任部门，最好还能够与责任人或责任部门签订目标责任书。

3. 激励对象选择

股权激励的对象是核心员工，核心员工是指那些拥有关键技术或者控制关键资源、掌控核心业务、支持企业核心能力建设、对企业经营实现有重大影响的员工，他们能够帮助企业实现中长期发展目标，确保企业稳健、可持续发展。

前文我们就已经提到，企业可以从三个维度识别核心员工，即是否与公司战略实现密切相关，是否直接影响企业战略顺利实现；员工所处岗位是否是公司核心岗位，而且员工与岗位任职资格高度匹配，适岗度高；员工对公司的使命、愿景及核心价值理念是否高度认同。为了更加准确、公平、客观地筛选和定义核心员工，企业有必要建立核心员工评估模型。

核心员工评价模式可以从岗位价值、综合素质、历史贡献等维度进行衡量。表

4-1是核心员工评估模型。

（1）岗位价值是指通过岗位价值评估手段，找出对公司经营贡献大的岗位。

（2）综合素质是指通过对岗位任职者与岗位任职资格之间的对比，识别哪些员工是胜任的，哪些员工是不胜任的。任职资格包括基本任职资格、知识、能力、素养等。

（3）历史贡献是评价员工对企业的历史价值贡献，是对老员工过去成绩的肯定。

表4-1 核心员工评估模型（示意）

序号	一级评估因素	权重	分值	二级评估因素	权重	分值
1	岗位价值	40%	400	对企业的影响	50%	200
				解决问题	20%	80
				责任范围	15%	60
				管理责任	15%	60
2	综合素质	40%	400	专业知识	30%	120
				专业能力	40%	160
				专业素养	30%	120
3	历史贡献	20%	200	绩效表现	100%	200
合计		100%	1000			1000

当然，以上仅仅是核心员工评估模型示意，企业可以根据自身的实际进行再设计。

【案例4-1】浙江信睿科技核心员工评估模型及应用（表4-2～表4-6）

浙江信睿科技是一家专门从事锅具、灶具产品研发、生产、销售的高科技企业，现有员工近3000人，2019年实现近20亿元销售收入，公司计划未来5年内登陆资本市场，同时企业也制定了未来5年保持40%的年平均增长速度，在2024年实现百亿元目标。

为了激励核心员工与公司共同发展，该企业委托我们帮助其建立核心员工股权激励计划，以下是该企业核心员工评价模型。

1. 浙江信睿科技核心员工评估模型及评估细则

表4-2 浙江信睿科技核心员工评估模型

一级维度	权重	二级维度	权重
岗位情况	30%	岗位价值大小	15%
		人员可替换性	10%
		市场人才充裕度	5%

续表

一级维度	权重	二级维度	权重
个人情况	30%	执行力	8%
		责任心	6%
		诚信正直	4%
		团队合作	4%
		学习能力	4%
		工作经验	4%
个人与岗位匹配	40%	胜任力评价	20%
		绩效表现	20%

表4-3　浙江信睿科技核心员工评价第1因素（岗位情况：30%）

因素定义	指员工所在岗位的基本情况，分为岗位价值大小、人员可替换性、市场人才充裕度				
子因素名称	1.1岗位价值大小（15%）				
子因素定义	指员工所在岗位在公司的价值贡献				
等级划分	1级	2级	3级	4级	5级
级别说明	所在岗位对公司经营业绩基本无影响	所在岗位对公司经营业绩具有有限影响	所在岗位对公司经营业绩具有一些影响	所在岗位对公司经营发展业绩具有重要影响	所在岗位对公司经营业绩具有全局性的影响
对应分值	3分	6分	9分	12分	15分
子因素名称	1.2人员可替代性（10%）				
子因素定义	指员工工作可替代的难度				
等级划分	1级	2级	3级	4级	5级
级别说明	人员重要程度低，能在1个月内进行替代	人员不太重要，能在3个月内进行替代	人员重要程度一般，可在6个月内进行替代	人员比较重要，替代比较困难	人员十分重要，几乎难以替代
对应分值	0分	2分	4分	7分	10分
子因素名称	1.3市场人才充裕度（5%）				
子因素定义	指外部人才市场对该类员工提供的充裕情况				
等级划分	1级	2级	3级	4级	5级
级别说明	市场上同类人才供过于求，获取非常容易	市场上同类人才供求较平衡，可在较短时限获取	市场上同类人才提供有局限性，需花费一定精力才能获取合适人才	市场上同类人才比较稀缺，获取有较大困难	市场上同类人才非常稀缺，难以得到正常供给
对应分值	0分	2分	3分	4分	5分

表4-4 浙江信睿科技核心员工评价第2因素（个人情况：30%）

因素定义	指员工个人的综合素质，包括执行力、责任心、诚信正直、团队合作、学习能力、工作经验				
子因素名称	2.1执行力（8%）				
子因素定义	员工在实际工作中执行力表现				
等级划分	1级	2级	3级	4级	
级别说明	执行过程中经常因为相关问题导致任务不能及时完成，对部门及他人工作造成了较大影响	执行过程中经常讲问题、谈困难，但在他人督促下仍能够完成相关工作，未造成大的影响	执行力较强，能够在规定时限内根据上级安排完成相关工作任务	执行力非常强，在特殊情况下能够自己主动想办法解决执行过程中的问题	
对应分值	0分	2分	6分	8分	
子因素名称	2.2责任心（6%）				
子因素定义	员工在实际工作中表现出来的责任心状况				
等级划分	1级	2级	3级	4级	5级
级别说明	岗位责任心极差，工作中频繁出现低级错误或纰漏，严重干扰了他人工作的开展	岗位责任心较差，工作中时常出现一些纰漏或错误，对他人工作有一定影响	能够按照公司对岗位的要求，保质保量地完成相关工作	岗位责任心较强，愿意付出额外的努力去开展相关工作，确保工作高质量地完成（如长期义务加班）	岗位责任心极强，在特殊情况下仍愿意付出超常的努力去开展相关工作，即使工作超出了自身的职责范围也毫无怨言
对应分值	0分	1分	3分	4分	6分
子因素名称	2.3诚信正直（4%）				
子因素定义	员工个人品行				
等级划分	1级	2级	3级	4级	
级别说明	时常有隐瞒事实和违背工作原则的行为	偶尔有隐瞒事实和违背工作原则的行为	极少有隐瞒事实和违背工作原则的行为	从来没有隐瞒事实和违背工作原则的行为	
对应分值	0分	1分	3分	4分	
子因素名称	2.4团队合作（4%）				
子因素定义	员工在实际工作中与他人合作的意愿及表现				
等级划分	1级	2级	3级	4级	

续表

级别说明	抗拒与他人的合作，出现问题推诿责任，做事喜欢独断专行	能够在一定的情况下与他人进行合作，大局意识不强，合作效果一般，不愿承担责任	能够在他人要求下与他人进行合作，合作效果较好，有较强的大局意识	善于采取复杂的策略去影响他人开展合作，愿意牺牲个人利益实现团队目标
对应分值	0分	1分	3分	4分
子因素名称	2.5学习能力（4%）			
子因素定义	员工渴望学习与进步的动力			
等级划分	1级	2级	3级	4级
级别说明	在极其被动的情况下进行知识的学习，对新生事物持抗拒态度	自我学习意识一般，能按照公司要求进行学习，接受程度一般	自我学习意识较强，能根据自身发展需要进行学习，并将其所学运用到工作中，工作中的创新较多	自我学习意识主动性很强，能够根据公司发展和自我成长需要进行系统性学习，并主动愿意将其所学与他人进行分享或为他人提供指导
对应分值	0分	1分	3分	4分
子因素名称	2.6公司工作经验（4%）			
子因素定义	员工在公司的工作年限			
等级划分	1级	2级	3级	4级
级别说明	1年以下	1～3年	3～5年	5年以上
对应分值	1分	2分	3分	4分

表4-5　浙江信睿科技核心员工评价第3因素（个人与岗位匹配情况：40%）

因素定义	指员工本人与岗位的匹配程度以及在岗绩效表现情况			
子因素名称	3.1胜任力评价（20%）			
子因素定义	员工个人与岗位任职资格之间的匹配度			
级别说明	胜任能力分解	工作复杂程度高	工作复杂程度一般	工作复杂程度低
	完全能胜任当前工作	20分	15分	10分

续表

级别说明	能较好胜任当前工作	15分	10分	6分
	胜任当前工作能力一般	10分	5分	4分
	胜任当前工作能力较差	5分	3分	1分
	胜任当前工作能力极差	0分	0分	0分
子因素名称	3.2绩效表现（20%）			
子因素定义	员工在过去两年内绩效排名及表现			

等级划分	1级	2级	3级	4级	5级
级别说明	员工绩效表现远未达到岗位要求和公司期望	员工部分绩效表现未达到岗位要求和公司期望	员工绩效表现基本达到岗位要求和期望	员工绩效表现超出了岗位要求和期望	员工绩效表现远远超出了岗位要求和期望
对应分值	0分	5分	10分	15分	20分

2. 浙江信睿科技核心员工评价结果应用

表4-6　浙江信睿科技核心员工评价结果对应等级

评价得分（分）		$X \geqslant 90$	$80 \leqslant X < 90$	$70 \leqslant X < 80$	$60 \leqslant X < 70$	$X < 60$
对应等级	A层级	Aa	Ab	Ac	Ad	
	B层级		Ba	Bb	Bc	Bd
	C层级			Ca	Cb	Cc

说明：① 达到a级（包括Aa、Ba、Ca）的员工可以直接享受公司股权激励；② 达到b级（包括Ab、Bb、Cb）的员工按照对应额度减半享受公司股权激励；③ c级、d级不能享受公司股权激励；④ 公司每年组织对员工进行一次评价，并按照评价结果进行调整。

需要特别说明的是通过以上模型企业可以筛选出符合股权激励的人选，但这些员工是否全部适宜采用企业股权激励方案呢？请大家记住，还不一定！

对于上市企业而言，激励对象要符合《上市公司实施股权激励管理办法》等相关法规的要求，根据《上市公司实施股权激励管理办法》规定，激励对象包括上市公司的董事、高级管理人员、核心技术人员或者核心业务人员，以及公司认为应当激励的其他员工，但不应当包括独立董事和监事。当然《上市公司实施股权激励管理办法》还提出了诸如最近 12 个月内证券交易所认定为不适当的人选、最近 12 个月内被中国证监会及其派出机构认定为不适当的人选等 6 类人是不能作为股权激励对象的。

对于非上市公司而言，虽然激励对象不受法律的约束，但企业也需要建立一定的准入条件，如工作年限、违法犯罪、渎职、违反公司规章制度等。

4.激励标的确定

企业用来做中股权激励的标的可能是一个独立的经营项目，也可能是一个独立的事业部，还可能是整个公司，究竟选择什么作为核心员工的激励标的与激励对象选择是有很大关系的。

上市公司激励标的来源有增加新股、期权池、股东提供、回购股份、二级市场购买等。

非上市公司激励标的的来源有股东转让、增资扩股等。

5.激励模式选择

前文已经提到，目前最常见的核心员工股权激励模式有股权模式、期股模式、期权模式、虚拟股票模式、业绩股票模式、股票增值模式、岗位分红模式等。表 4-7 为不同激励模式对比。

表4-7　不同激励模式对比

激励模式	适用群体	激励范围	激励周期	激励效果
股权模式	事业伙伴	窄	长期	极佳
期股模式	公司核心员工	广	5～8年	佳
期权模式	公司核心员工	广	3～5年	佳
虚拟股权模式	公司核心员工	广	5～8年	佳
业绩股票模式	公司核心员工	广	3～5年	佳
股票增值模式	公司中高层	窄	1～3年	良
岗位分红模式	核心经营层	窄	年	良

6.激励额度确定

激励额度包括总量额度和员工个体额度两种，总量额度是指企业拿出多大的股份比例或分红权比例用来进行核心员工激励，员工个体额度是指享受股权激励的员工个人获得的股份比例或分红比例。

（1）企业在进行总量额度的确定时需要考虑的因素。

① 国家相关法律法规的限制。对于上市公司而言，《上市公司实施股权激励管理办法》有明确规定，上市公司全部有效的股权激励计划所涉及的标的股票数量，累计不得超过公司股本总额的10%，在《国有控股上市公司（海外）实施股权激励管理办法》及《国有控股上市公司（境内）实施股权激励管理办法》中也有相应规定。对于非上市公司而言，法律并没有硬性的规定，企业可以根据自己的实际情况进行规划，但需要区分所有权、分红权，还要注意股份比例67%（绝对控股）、51%（相对控股）、34%（一票否决权）、10%（决议权）、5%（决策权）、1%（工商注册权）等各自的区别与法律风险就可以了。

② 原始股东的意愿。股权激励涉及对原始股东股权、分红权的稀释，因此股权激励总量额度的设定与原始股东的意愿有很大关系。

③ 公司整体薪酬水平。总量额度的确定还需要综合考虑企业现有薪酬水平，如果现有薪酬水平比较低就可以考虑适度加大总量额度；如果薪酬水平比较高，本身就已经具备了竞争能力，那么股权激励总量额度可以适度降低。

④ 经营业绩目标预期。股权激励总量额度设置还需要思考企业经营目标设定的难易程度，如果经营业绩目标实现难度较大，可以适度加大总量额度；如果经营业绩目标实现难度较小，可以考虑适度减少总量额度。

⑤ 企业发展规模规划。初创阶段的企业规模往往比较小，能拿出来的总量额度也比较少，但如果企业已经步入成长阶段、成熟阶段的话，能拿出来作为核心员工股权激励的总量额度也会相应更多一些。

⑥ 激励对象的数量。总量额度还需要考虑激励对象的数量及规模，以及能够分配给每个人的激励额度，至少要考虑到对每个激励对象都有激励作用才行。

⑦ 预留股份比例。企业进行股权激励往往是分阶段进行的，除了对现有核心员工的激励之外，还要考虑预留一部分出来给未来的核心员工。

⑧ 同行业经验数值。任何一家企业都不是独立存在的，股权激励总量额度还要考虑同行，特别是竞争对手的激励总量额度，既要避免本企业人才外流，还要确保企业实施的股权激励对竞争对手的人才也有吸引力。

（2）企业在进行员工个体额度的确定时需要考虑的因素。

① 核心员工重要程度。根据前文提到的核心员工评估模型最终得分的高低代表了该员工的重要程度，企业可以向得分较高的员工倾斜。

② 个人对企业经营预期的贡献。现在的核心员工并不代表对企业未来的经营贡献就一定大，这还需要根据企业发展战略及经营目标预期识别出对未来业绩贡献大的岗位和员工加以重点激励。

③ 员工心理预期。每个核心员工对股权激励额度都是有自己心理预期的，除了正确的教育引导之外，企业在确定个体额度的时候还要参考员工个人心理预期。

④ 个人出资承受能力。不论是哪种方式的股权激励，都会涉及员工出资的问题，在确定员工个体额度的时候，需要同步思考员工个人的出资承受能力。

⑤ 同行业的经验数值。与企业总量额度确定的思路一样，在确定个体额度的时候最好也能参考同行，特别是竞争对手的状况。

⑥ 国家相关法律法规的限制。确定个体额度的时候还需要遵守国家相关法律法规，对于上市公司而言，《上市公司实施股权激励管理办法》规定非经股东大会特别决议批准，任何一名激励对象通过全部有效的股权激励计划获授的本公司股票累计不得超过公司总股本的1%。同样，在《国有控股上市公司（海外）实施股权激励管理办法》及《国有控股上市公司（境内）实施股权激励管理办法》中也有相应规定。

7. 股价计算方式

激励标的价格是指激励对象为了获得激励标的而需要支付的对价。对于激励对象而言，激励标的的价格越低对其越有利，但价格如果太低，对原始股东的利益造成伤害，这时候就既要考虑激励对象的承受能力，同时也要保护现有股东的合法权益。

对于上市公司而言，不论是实施股票期权、限制性股票期权，还是股票增值权，股价的计算都有明确的规定，根据《上市公司实施股权激励管理办法》规定，上市公司在授予激励对象股票期权时应当确定行权价格或者行权价格的确定方法。行权价格不得低于股票票面金额，且原则上不得低于下列较高者：

① 股权激励计划草案公布前一个交易日的公司股票交易价格。

② 股权激励计划草案摘要公布前20个交易日、60个交易日或者120个交易日的公司股票交易均价之一。

对于非上市公司而言，股价计算有很多种方式，以注册资本金为标准、以评估净资产为标准、以净资产折扣价为标准、以市场评估价为标准都是可以的。

8. 持股模式选择

持股方式可以是员工自持，也可以由公司指定人代持，还可以在公司内部建立统一的持股平台，不同的激励模式持股方式不同，也需要企业根据实际情况统一考量。

9. 股份购买方式

核心员工购买股份的形式有现金购买、工资抵购、奖金抵购、一次性购买、分批购买等多种形式，不同购买形式员工收益会有差异。

10. 收益结算办法

年度收益结算可以是全额结算，也可以部分结算、部分留存，但留存比例多少又与企业经营需求相关，企业在制定方案的时候需要一并考虑进来。

11. 回购与转让

员工异动、离职都会涉及股份回购与转让的问题，究竟是允许其长期持有，还是一旦离职必须退出，回购或转让的结算方式也需要清晰。

12. 加入与退出

员工股份的加入与退出条件、加入与退出的结算规则也需要详细说明。

【案例 4-2】浙江信睿科技核心员工股权激励办法

第一条　目的

（1）为了充分调动员工的积极性，体现核心员工在公司经营中的价值，强化企业内部的激励机制和约束机制，体现利益共享的分配原则，特制定本办法。

（2）核心员工持股是指公司内部核心员工本着"入股自愿、收益共享、风险共担"的原则，由员工个人出资认购公司股票，并享有相应的权利。

第二条　适用范围

（1）本办法适用于公司核心员工。

（2）核心员工根据公司《核心员工评价模型》评价结果确定。

第三条　法律依据

《中华人民共和国公司法》。

第四条　股票来源

以公司 2019 年 12 月 31 日净资产作为股票来源。

第五条　股价

（1）首次认购股价以公司 2019 年 12 月 31 日每股净资产计算首次认购价。

（2）每年的 4 月为内部股票认购发起时间段，发布的每股认购价格 1 年内保持不变，以后年度若继续发起内部认购，则每股价格均以上 1 年度会计报表中 3 月 31 日每股净资产的股价进行认购。

第六条　享受范围及认购额度

（1）内部认购首次享受人员为试用合格转正并经公司评估通过的核心员工。

（2）以后年度若继续发起内部认购，享受人员截至当年 3 月 31 日必须在公司工作满 12 个月且经公司评估通过的核心员工。

（3）认购额度。

① 以后年度若继续发起内部认购，公司根据核心员工的价值贡献确定认购额度。

② 对于在公司工作 5 年以上核心员工，公司根据实际情况额外奖励认购额度。

第七条　核心员工认购

（1）每年 4 月由公司根据本办法相关规定，对已认购的核心员工进行资格审查。

（2）由公司根据本办法相关规定确定核心员工个人认购额度，员工填写《核心员工内部股认购书》并签订《内部股认购协议》。

（3）员工在签订《核心员工内部股认购书》后的 45 天内缴付购股资金，逾期视为自动放弃。

（4）员工根据持股额度采取自愿原则确定认购额度，未认购部分认购权不予保留。

（5）股票的认购以千股为单位。

（6）公司根据员工认购情况建立台账。

第八条　持股核心员工的权利

（1）核心员工持股由公司董事长代持，在公司上市之前，持股员工的姓名及其他信息资料不出现在公司的工商登记、公司章程及其他公开披露的材料上。在公司上市之前，未经公司董事会同意，核心员工不得将其拥有的股票进行转让，也不得要求将其股东地位从隐名变更为显名。

（2）内部持股的核心员工，享有每年分红及股票增值的权利，除此之外的股东权利由公司董事会统一享有。

（3）上述股票的名义代表人为董事长，根据公司章程，在公司的经营活动过程中以及按有关政府部门的要求提交各种资料时，根据董事会的决定，同时在名义上和实质上代表持股核心员工行使上述分红权利之外的股东权利。公司在行使本条的股东权利时无须获得员工的另外授权。

（4）若将来公司股票激励扩大到基层骨干层面时，为保证公司具备上市的条件，公司保留以当年对等的经济权益的方式把股票份额转换为基金份额的权利。

（5）如公司因上市需要，成立"公司员工持股会"或者"公司员工股票信托机构"等，持股员工身份自动转入"公司员工持股会"或者"公司员工股票信托机构"，持股权利不受任何影响。

第九条　增资扩股及股权分配

（1）经公司董事会同意，公司可启动增资扩股。

（2）外部资金注入的增资扩股，不影响本财年持股员工的权益享受，仍按增资前的股本份额计算本财年的每股净利润。增资扩股后的配股权益自下个财年开始确认份额，并认购和享受权益。

第十条　分红

（1）董事会根据公司经营需要确定是否分红及分红比例，分红时间为6月。

（2）分红所产生的税费由公司统一代扣代缴。

第十一条　退出

（1）根据每年核心员工评估结果，公司有权对不符合条件的核心员工强制其退出。

（2）员工可以自愿申请退出。

（3）员工离职时必须退出。

第十二条　回购

（1）员工不得把其拥有的股票转让给包括其他内部员工在内的任何第三方，员工申请退出、离职或强制退出将不再享受内部股票，由公司统一回购。

（2）若回购行为发生在当年4月公司发布每股净资产股值之前的，则以上年度公司公示的每股价格计算；若回购行为发生在当年4月公司发布每股净资产股值之后的，则以公示后的最新每股价格计算。

（3）回购工作每季度操作一次。

（4）以上各类回购行为，双方各自承担因此产生的相应税费。

第十三条　其他

（1）每财年公司会根据实际情况出台附加的股票认购权奖励政策，对公司业绩或发展有重大贡献的人员给予一定的认购权奖励，奖励细则另定。

（2）公司上市时，员工所持股份可全额转化为公司上市原始股。

第十四条　附加说明

（1）本办法解释权归公司董事会。

（2）本办法自 2020 年 1 月 1 日起正式实施。

【案例 4-3】江苏龙腾科技核心员工期权激励办法

第一条　目的

为了鼓励核心员工长期为公司服务，同时体现"为股东获回报，为顾客创价值，为员工谋利益；从而企业、客户、员工一起发展"的企业使命，特制定本办法。

第二条　原则

（1）与员工职位相结合的原则。

（2）员工购买和职务配送相结合的原则。

（3）加入与退出自愿的原则。

第三条　期权激励范围

（1）部门经理、部门副经理。

（2）部门主管级员工。

（3）以上人员享受期权时均需公司认定，经总经理批准。

（4）原则上符合以上条件的员工转正后 12 个月经公司考评合格后即可享受期权。

第四条　股价及期权结构

（1）股价：1 元 / 股。

（2）期权结构：

①期权由职务期权和购买期权构成。

②职务期权是公司根据不同员工目前的职位赠送的期权，职务期权只享有分红权，当员工职务发生变化时，职务期权随之变化，职务期权不可以相互转

让，职务期权在员工职务任期内享受。

③购买期权是员工自己以现金方式购买的期权，购买期权只享有分红权，购买期权不可以相互转让。

（3）职务期权的标准如表4-8所示。

表4-8　职务期权的标准

职位名称		部门经理	专业主管	业务主管
职务期权	最小	8万股	4万股	6万股
	最大	15万股	6万股	8万股

（4）购买期权。

①员工购买期权：职务期权=1∶1。

②购买期权在确定员工具有享受资格起6个月内有效，并根据员工在6个月内实际认购期权额度为准。如6个月内没有认购的，视为放弃。

第五条　激励周期

（1）所有享受期权激励的员工，激励周期为3年。

（2）职务期权满3年激励周期后可折现。

第六条　分红

（1）分红时间：每财年分红1次，分红在次年6月份进行。

（2）年度收益：期权年度收益根据公司年度销售目标完成状况确定，具体如表4-9所示。

表4-9　期权收益对照表

年度销售目标达成率（X）	$X \leqslant 70\%$	$70\% < X \leqslant 90\%$	$90\% < X \leqslant 100\%$	$X > 100\%$
年度期权收益率（Y）	0	$25\% \times X$	$30\% \times X$	$40\% \times X$

（3）分红比例：原则上每年分红比例如下，根据当年经营及发展需要公司有权调整分红比例，如表4-10所示。

表4-10　分红比例

当年分红	剩余分红
80%	20%

（4）期权增长。

①次年员工的期权＝原始职务期权＋每年职务期权赠送＋原始购买期权＋每年剩余分红折合购买期权。

②每年职务期权赠送：在上年职务期权的基础上每年额外赠送20%。

（5）不满一年的员工期权享受按照从正式享受之日期到财年结束的实际月份计算。

第七条　期权退出程序

（1）退出程序：员工提出书面申请——总经理审批——财务结算。

（2）期权退出结算，如表4-11所示。

表4-11　期权退出结算

退出原因		期权结构		股本
员工原因	降职、自动离职、自愿退出、连续2个季度绩效否决、经公司认定的其他条件	职务期权	期内退出	0
			期满退出	100%
		购买期权	期内退出	100%
			期满退出	100%
公司原因	公司经营出现亏损，公司解散、重组、股权变更等	职务期权	期内退出	0
			期满退出	100%
		购买期权	期内退出	100%
			期满退出	100%

备注：
①员工原因在期内退出的，年度分红剩余为0；公司原因退出的，年度分红剩余为100%。
②在分红结算期内（以财年为准）退出，当年分红为0；上一个分红结算期（财年）的分红参考第①条执行。

第八条　附加说明

（1）本办法解释权属于公司。

（2）本办法自2020年1月1日起实施。

四、员工股权激励管理

实施股权激励的目的是最大限度调动激励对象的积极性，确保企业战略目标的实现，顺利达成经营预期。因此，在实施股权激励的过程中，对经营目标、激励对象、激励方案都要进行动态管理。

1. 企业经营目标动态管理

经营目标是股权激励的基础，因此企业必须对经营目标按照 $N/(3-N)$ 或者 $N/(5-N)$ 的方式进行动态管理，并建立目标修正及评价机制，关于这一点可查阅本书第九章相关内容。

2. 激励对象动态管理

享受股权激励的核心员工在享受前需要客观评价和慎重选择，但在股权激励方案实施的过程中也要根据业绩表现、职位调整对其享受的激励额度进行动态调整，包括增加、减少甚至退出。

3. 股权激励方案动态管理

前文已经提到，不同的股权激励模式适合不同的企业发展阶段和激励对象，有些企业甚至会采取多种股权激励模式的组合，因此企业也必须根据实际情况对激励方案进行动态调整和优化，确保激励效果。

第三部分

PART THREE

成长激励篇

授权并信任才是有效的授权之道。

——柯维

一个聪明的管理者，应该懂得如何正确地发挥下属的才智、利用下属的力量，而不是管这管那、事必躬亲、把一切事情都揽在自己身上。

——旦恩·皮阿特

每个人的工作动力不尽相同，主要来自于人们在看待自己和自己所从事的工作时最看重的东西。找出员工最关心的事情，并以相应的方式激励他们，才能达到最佳效果。

——埃德加·沙因（麻省理工学院教授）

如果你希望你的团队成员不断成长，有一个重要的事情要做：打破团队经验。一定要有人被不拘一格提拔上来。在组织系统中特别提拔一两个人，目的不只是提拔他，而是给所有人一个想象的空间，这个空间就是没有天花板。

——陈春花

为员工设计多通道发展路径，消除"管理独木桥"，杜绝"技而优则管""业而精则管"的用人习惯，让每位员工根据自己的职业取向自由发展，你就会发现企业内部到处都是人才。

——本书作者

第五章

发展激励

一、员工发展激励核心

二、员工发展激励体系设计

三、员工发展激励管理

一、员工发展激励核心

柳传志曾说过："如果一个员工进入联想三年，没有什么进步，说明我不称职。企业必须让员工成长，人们为什么交学费也要上学校，而有的企业给工资都没人愿去，因为你不能让员工成长。让员工做适合自己的工作，富有挑战的工作，这也是企业给员工的福利之一。"

李嘉诚也说过："第一，给他好待遇；第二，给他好前途。"

陈春花教授说："如果你希望你的团队成员不断成长，有一个重要的事情要做：打破团队经验。一定要有人被不拘一格提拔上来。在组织系统中特别提拔一两个人，目的不只是为了提拔他们，而是给所有人一个想象的空间，这个空间就是没有天花板。"

是的，员工在企业工作除了获得优厚的待遇之外，还需要像柳传志、李嘉诚、陈春花所说的要有进步、好前途和提拔机制，为员工进行职业发展规划，为员工提供职业发展需要的培训，让员工能力提升的同时也得到职位的发展（包括纵向晋升、横向轮岗），这都是企业激励员工的方法和手段。

1. 什么是发展激励

员工发展激励是指企业通过为员工进行职业生涯规划、实施优才计划、提供培训、岗位轮换与晋升等，确保员工能力与职位共同提升，进而达到激励员工的目的。

我们通常讲对人的激励分为三个层面：物质层面、成长层面和精神层面，其中员工发展作为员工成长层面激励体系中一个重要的组成部分，对员工的成长起到至关重要的作用。

2. 发展激励价值体现

彼得·德鲁克认为，管理者是通过他人完成工作的，管理者通过确定愿景、明确目标、做出决策、分配资源、监督检查等活动指导他人实现组织目标。也就是说，管理者通过协调他人的活动、与他人一起或者通过他人实现组织目标。在这里，需要注意的是，不论是协调他人、与他人一起，还是通过他人实现组织目标都少不了对他人的激励，这些激励除了前文提到的物质激励之外，如何帮助他人成长与发展也是非常关键的，员工发展激励的价值主要体现在以下几个方面（见图5-1）。

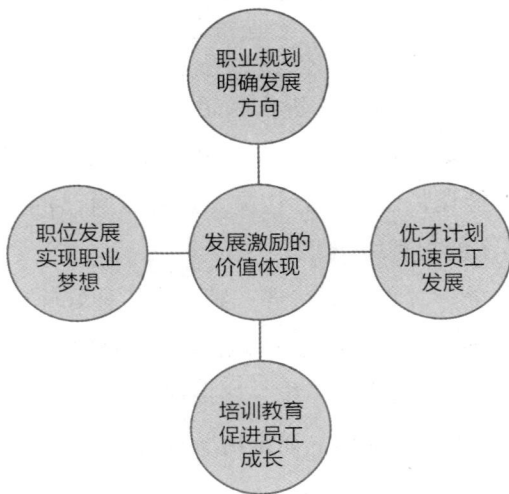

图5-1 发展激励价值体现

（1）职业规划明确发展方向。俗话说：读万卷书不如行万里路，行万里路不如名师指路。是的，对于一名员工而言，如果能够在管理者的帮助下，清晰地规划好自己职业发展方向，并按照规划方向去发展，那对员工的激励作用是不言而喻的。

（2）优才计划加速员工发展。职业发展方向明确后，如果企业还能够帮助员工发现自己的短板与不足，进而将员工统一纳入企业优才计划当中进行培养，这对员工的激励作用将更进一步。

（3）培训教育促进员工成长。"人非生而知之者"，求知欲是每位谋求发展员工的基本需求，一家企业如果只知"用"而不知"给"，等到水枯鱼竭，受损的还是企业。重视员工培训，一方面，可以改变员工的工作态度，增长知识、提高技能，激发他们的创造力和潜能，提高企业运作效率和经营业绩，使企业直接受益；另一方面，增强员工自身的素质和能力，让员工体会到企业对他们的重视，使他们认识到培训是企业为他们提供的最大福利。

（4）职位发展实现职业梦想。很多时候，不是员工不努力，也不是员工不想获得职业发展，主要的原因是很多企业内部往往限于"管理独木桥"，无法给员工提供多通路发展机会，因此员工就会觉得自己提升无望，进而消极工作。正确的做法是企业规划多通道职业发展路线，让员工根据自己职业规划及能力范围选择一条最适合自己的职业发展路径，一步一个脚印去实现自己的职业梦想。

3.发展激励原则

企业在实施发展激励的时候，需要把握住以下三个基本原则，即因人而异原则、因时而异原则、公开公平原则（见图5-2）。

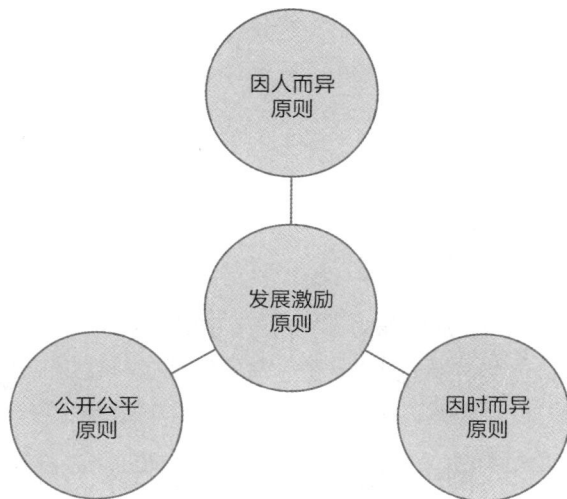

图5-2　发展激励原则

（1）因人而异原则。由于每个人的性格特征有异、职业取向不同、职业锚选择不同、自身基础和职业经历不同，企业在进行发展激励体系设计的时候一定要根据每个人的自身特征及职业选择量身定制，切不可用一个模子进行简单的复制。

（2）因时而异原则。企业在不同的生命周期阶段、不同的战略选择及不同经营目标的大背景下，对人才需求的数量、质量都会有很大的差异，因此，企业在实施发展激励的时候还需要考虑以上因素，否则将很难对员工产生激励作用。

（3）公开公平原则。除了物质层面的追求，员工对个人发展的追求也是很看重的，正所谓"钱途"与"前途"两手抓。在实施发展激励体系的时候，企业更需要确保"机遇面前人人平等""能者上、平者让、庸者下""机遇总是留给有准备的人""只要你有金刚钻，企业就给你瓷器活"等用人理念，拒绝滥竽充数，也"不能让雷锋吃亏"。

二、员工发展激励体系设计

要想设计一套科学合理的员工发展激励体系，一般包括以下几个关键步骤，即员工职业生涯规划、实施优才计划、开展员工培训、员工职位发展路径规划与实施等（见图 5-3）。

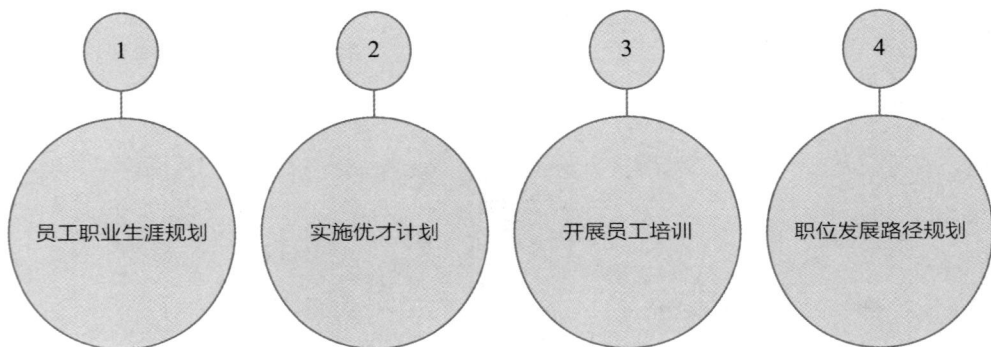

图5-3　员工发展激励体系核心工作

1. 员工职业生涯规划

职业生涯规划是指针对员工个人职业选择的主观和客观因素进行分析和测定，确定员工的职业发展目标并努力实现这一目标的过程。换句话说，员工职业生涯规划要求根据员工自身的兴趣、特点，将其定位在一个最能发挥他长处的位置，选择最适合他能力特点和发展的事业。职业定位是决定职业生涯成败最关键的一步，同时也是职业生涯规划的起点。

（1）职业取向测试，摸清员工职业发展方向。发现职业取向是员工职业发展的第一步，每个人由于自身性格特征、兴趣爱好、受教育程度、人生观、价值观等的差异，适合他的职业也是不同的，常见的职业取向测试方法有霍兰德职业兴趣测试（Vocational Preference Test，简称 VPT）、迈尔斯布里格斯 MBTI 职业性格测试、九型人格测试、DSIC 个性测试等。

（2）帮助员工锁定职业锚，明确员工职业选择。员工清楚自己的职业发展方向以后，管理者还需要帮助员工规划并锁定其职业锚，常见的职业锚有职能 / 技术型、管理型、独立型、稳定型、创业型、服务型、挑战型、生活型等。

（3）帮助员工规划职业发展目标。管理者还有责任帮助员工确定职业发展目标，因为管理者更加清楚企业及团队的目标，将员工个人的职业发展目标与企业、团队目标保持一致，才能帮助员工个人有效达成职业发展目标。

（4）全方位帮助员工实现职业目标。员工职业发展目标确定后，在后续执行的过程中往往会随着企业组织调整、员工职业锚变化等原因导致职业生涯规划无法有效执行，这就需要管理者经常性地进行跟踪和辅导，并及时调整，帮助员工有效达成职业发展目标。

企业可参考如下做法：

① 公司成立员工职业辅导委员会，各部门经理为成员；人力资源部负责职业辅导委员会的运作，每年召开 1～2 次会议，建立职业生涯档案，并负责保管与及时更新。

② 实行新员工与主管领导谈话制度。新员工入职后的三个月内，由所在部门直接上级负责与新员工谈话并填写有关表格，主题是帮助新员工根据自己的情况，如职业兴趣、资质、技能、个人背景分析个人发展方向，大致明确职业生涯意向。由人力资源部跟踪、督促新员工谈话制度执行情况。

③ 定期进行个人特长及技能评估。人力资源部及职业生涯辅导人指导员工填写"员工职业生涯规划表"，包括员工知识、技能、资质及职业兴趣等内容，以备以后对照检查，不断完善，一般每两年填写一次，新员工入职后的三个月内填写。

④ 人力资源部每年对照"员工能力开发需求表"和"员工职业生涯规划表"检查评估一次，了解公司在一年中有没有为员工提供学习、培训、晋升机会，员工个人一年中考核情况及晋升情况，并提出员工下一阶段发展的建议。情况特殊的应同其直接上级讨论。

⑤ 职业生涯辅导人每年必须在本工作年度结束、考核结果确定后，与被辅导员工就个人工作表现与未来发展谈话，确定下一步目标与方向。

⑥ 建立员工职业生涯档案。职业生涯档案包括员工"员工职业生涯规划表""员工能力开发需求表"以及考核结果记录。每次培训情况记录在"员工能力开发需求表"中，晋级记录在"员工职业生涯规划表"中。考核结果记录存档，以作为对职业生涯规划调整的依据。

【案例 5-1】浙江信睿科技员工职业发展管理制度

总则

第一条 为了鼓励员工专精所长，同时为不同类型的员工提供平等晋升的机会和自由的职业发展空间，提高员工对职业生涯管理的满意度，促进员工与企业共同发展，特制定本制度。

第二条 职业生涯管理，是指公司和员工个人对职业生涯进行设计、规划、执行、评估和反馈的一个综合性过程。

第三条 职业发展管理包括两个方面：一方面是员工的职业发展自我管理，员工是自己的主人，自我管理是职业生涯成功的关键；另一方面是公司协助员工规划其职业发展，并为员工提供必要的教育、培训、轮岗、职位晋升等发展的机会，促进员工职业目标的实现。

第四条 根据公司各岗位工作性质不同，设立 6 大职位族，分别为管理职位族、技术职位族、营销职位族、生产制造职位族、专业事务职位族、辅助职位族共 6 类，管理层级分为 A 层级（高管级）、B 层级（经理级）、C 层级（主管级）、D 层级（专员级）、E 层级（作业员级）共 5 级。

第五条 公司为不同职位族规划纵向发展通路，为各层级规划横向发展通路，鼓励员工根据自己的职业取向选择适合自己的职位发展路径。

第六条 员工在不同通道之间可以相互转换，但必须符合各职系相应职务任职条件，并经过有关负责人考核通过后，由人力资源部备案并通知本人。

第七条 如果员工的岗位发生变动，其级别和发展通道根据新岗位重新予以确定。

开发性人际关系的建立

第八条 为了使员工通过与更有经验的其他员工之间的互动来提升自身的技能，公司鼓励建立开发性人际关系。

（1）建立导师制度。由公司中富有经验，且工作效率较高的员工担任导师进行辅导，指导关系由导师与被指导员工以一种非正式的形式形成。具体导师的评聘办法见附件。

（2）建立职业辅导人制度。由各部门负责人担任新员工的职业辅导人，以职业辅导人和被辅导人之间正式的开发性人际关系帮助新员工明确职业发展方向，并在职业发展过程中不断改进、提高，促进公司和个人的发展。

职业生涯管理

第九条　公司成立员工职业发展辅导委员会，各部门经理为成员；人力资源部负责职业辅导委员会的日常运作，每年组织召开1～2次会议，建立员工职业发展档案，并负责保管与动态维护。

第十条　部门经理为本部门员工职业发展辅导人，如果员工转换部门或工作岗位，则新部门负责人为辅导人。

第十一条　实行新员工与主管领导谈话制度。新员工入公司后三个月内，由所在部门直接上级负责与新员工谈话并填写有关表格，主题是帮助新员工根据自己的情况如职业兴趣、资质、技能、个人背景分析等，考虑个人发展方向，大致明确职业生涯意向。具体由人力资源部跟踪督促新员工谈话制度执行情况。

第十二条　进行个人特长及技能评估。人力资源部及职业生涯辅导人指导员工填写"员工职业生涯规划表"，包括员工知识、技能、资质及职业兴趣情况等内容，以备以后对照检查和不断完善，该表一般每两年填写一次，新员工入公司后三个月内填写。

第十三条　员工对照目前所在岗位序列、岗位职责及岗位任职资格要求对照自身填写"员工能力开发需求表"，该表每年填写一次，新员工入公司后三个月内填写。人力资源部每年制定培训计划及科目时，考虑从需求出发，参考"员工能力开发需求表"确定培训内容。

第十四条　人力资源部每年对照"员工能力开发需求表"和"员工职业生涯规划表"检查评估一次，了解公司在一年中有没有为员工提供相应的学习培训、晋升机会，员工个人一年中考核情况及晋升情况，并提出员工下阶段发展建议。特殊情况应同其直接上级进行讨论确定。

第十五条　员工职业发展辅导人每年必须在本工作年度结束、考核结果确定后，与被辅导员工就个人工作表现与未来发展进行沟通，确定下一步目标与方向。

第十六条　人力资源部根据员工个人发展的不同阶段及岗位变更情况选定不同的发展策略，调整能力需求，以适应岗位工作及未来发展的需要。

第十七条　建立员工职业生涯档案。职业生涯档案包括"员工职业生涯规划表""员工能力开发需求表"以及考核结果记录，每次培训情况记录在"员工能力开发需求表"中，晋升、晋级记录在"员工职业生涯规划表"中，考核记录存盘，以作为对职业生涯规划调整的依据。

附则

第十八条 本制度由公司人力资源部负责解释。

第十九条 本制度实施细则由公司人力资源部负责修改，报总经理批准后执行。

第二十条 本制度自公布之日起正式实施。

2. 实施优才计划

为了确保员工职业生涯规划顺利实施，企业还需要对员工实施优才计划。优才计划就是通过制定有效的关键岗位继任者和后备人才甄选计划，合理地挖掘、开发、培养优才队伍，给优秀员工提供职业发展机会，留住关键岗位员工，解决这些职位空缺时给公司正常开展工作带来的影响。图 5-4 为优才计划实施流程。

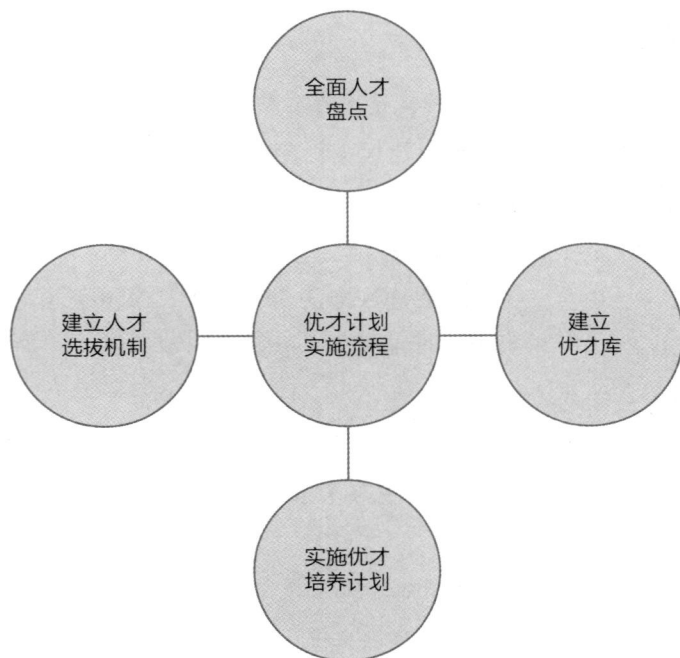

图5-4 优才计划实施流程

（1）全面人才盘点。在实施优才计划之前，企业需要对内部人力资源进行全面盘点，并结合职位发展矩阵和员工职业生涯规划确定需要实施优才计划的岗位。

一般情况下，人才盘点包括素质及业绩评价、员工优势及不足分析、内外部可替代性评估、发展潜力和职业发展方向评估、现有培养及培训措施评估等。

（2）建立优才库。根据人才盘点结果，企业需要建立优才库。对于纳入优才库的员工企业需要提供必要的辅导和培训，并每年进行一次复盘，对于不合格的及时从优才库中剔除；对于通过优才培养达到更高级别职位任职要求的，根据需要考核合格后予以晋升。

（3）实施优才培养计划。对于已经纳入优才库的员工，企业可以结合员工职业生涯规划及岗位任职资格为其量身定制培训和辅导计划，快速帮助员工成长。

通常情况下，可以按照以下步骤进行：

① 为优才人员确定辅导人。这个辅导人可以是员工职业生涯发展辅导人，也可以是员工直接主管。

② 建立优才人员培养档案。

③ 进行优才人员个性测评。通过评估确定梯队名单后，由人力资源部统一组织进行个性测评，将测评结果反馈给培养对象，帮助其更好地认识自己。同时，将测评结果存入培养档案，作为晋升或调岗时组建团队的决策依据。

④ 优才人员接受各种形式的培训。

⑤ 为优才人员提供发展机会。由优才人员的辅导人根据其所在部门的情况协调安排。需遵循以下原则：必须保证培养人员具备了拟轮换岗位的任职资格和能力，能够胜任；轮岗后的两个月内，辅导员需对培养人员在新岗位的胜任情况加以关注；晋升转正前需实施"2+4"培训计划，"2"是指被提名晋升之前需要完成的两个工作，即读一本书、做一项行为改进计划。"4"是指跟一周岗、听一堂课、讲一堂课、写一篇文章。

（4）建立人才选拔机制。为了能够科学合理地从优才库中选拔人才，企业需要建立优才库人才评价中心，评价中心是以模拟实际工作情境为主要特征，以评价测评对象管理能力素质为核心的标准化、程序化的评价活动。

评价中心工作的主要步骤是：

① 由人力资源部负责中心开发评价工具：无领导小组讨论、实战模拟、沙盘演练、案例分析等。

② 邀请公司总裁及其他高管、员工职业生涯辅导人担任评价中心主考官，并对主考官进行培训。

③ 候选梯队人员进入评价流程，并对其进行评价实施。

④ 根据评价结果确定提拔候选人。

3. 开展员工培训

员工培训的依据是岗位任职资格，培训员工的目的既要满足现有岗位任职资格要求，同时也要根据员工职业发展目标及优才计划中人才盘点结果之间的差距进行有针对性的培训和提高。

（1）基于岗位任职资格规划课程。企业为员工提供培训的核心目的就是要通过培训手段提升员工综合技能，满足岗位任职资格的要求，因此，培训课程的规划必须以岗位任职资格为基础。

基于任职资格体系的课程规划分为以下几个步骤：

① 企业任职资格项目汇总。将企业内所有岗位任职资格进行汇总，形成企业任职资格，并绘制任职资格矩阵。

② 根据任职资格标准识别培训课程项目，并规划不同职位族需要学习的课程。

③ 培训课程定义。培训课程的定义包括课程大纲、培训形式、培训讲师、课程标准时间等。

（2）培训方式选择。员工培训的方法不单单是课堂学习，在职培训、挂职锻炼、导师制等都是非常好的培训方式。表 5-1 是员工培训方法的展示。

表5-1　员工培训方法大全

培训方法	适用对象	优点分析	不足分析
岗位轮换	专员及以上员工	培养多面手、多能工，工作内容扩大化、丰富化	保密要求高
在职培训	全体员工	满足岗位任职要求系统性强	培训效果评价及培训成果转化不好衡量

续表

培训方法	适用对象	优点分析	不足分析
脱产学习	核心员工、骨干员工	满足岗位任职要求，系统性强	理论性强，不易指导工作
接班人计划	核心员工	稳定核心员工	—
挂职锻炼	核心员工	培养员工综合技能	可能导致员工数量增加
师傅带徒弟	基层员工	易操作，针对性强	人为因素影响大

（3）培训计划实施与评价。培训方式确定后，接下来的工作就是培训计划实施与评价。

① 培训计划编制。人力资源部门及管理者需要结合员工职业生涯规划及任职资格编写年度培训计划，培训计划包括培训课程、课程大纲、培训方式、参加人员、实施时间、培训预算等，经公司审批后组织实施。

② 培训效果评估。培训效果评估是指企业在组织培训之后，采用一定的形式，把培训的效果用定性或者定量的方式表示出来。

4. 职位发展路径规划与实施

每位员工的职业取向会影响他选择的职位发展路径，有些员工倾向于管理型发展路径，有些员工倾向于职能/技术型发展路径，还有些员工会倾向于服务型发展路径，任何一种选择都没有错，因为企业内部就有管理职位族、技术职位族、营销职位族、专业事物职位族、辅助职位族的划分，为了能够更加便捷地帮助员工实现其职业发展目标，企业需要在内部进行职位发展通路设计、职位发展矩阵规划。

（1）职位发展通路设计。职位发展通路设计犹如修路一样，是员工职业发展的基础。图 5-5 告诉我们，很多企业都存在严重的"管理独木桥"现象，由于缺乏多通道的员工发展通路，造成诸如"技而优则管""业而精则管"的局面，这种现象不论是对企业留人，还是对员工的个人成长都是没有任何好处的，这就需要企业根据自身实际情况设计多通道的员工发展通路。

当然，企业可以按照自身的实际状况，设置管理、专业、技术、专业事务、辅助等多个发展通道，这样就可以保证所有的员工都有广阔的发展空间。

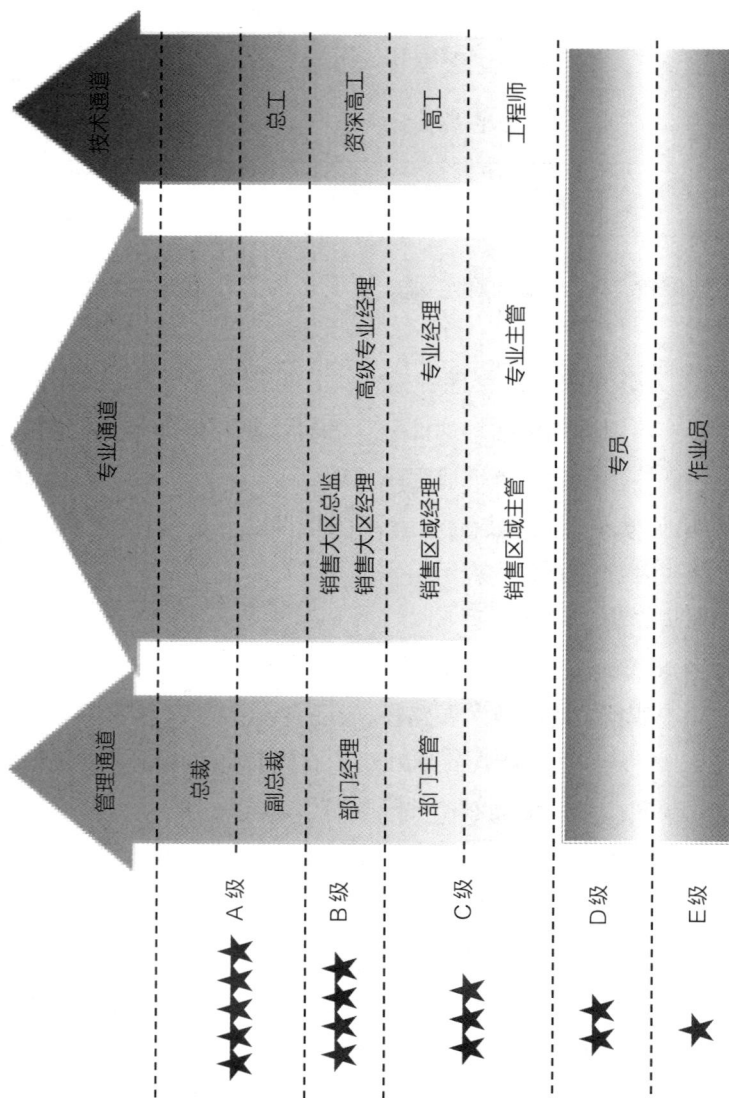

图5-5 "五级三通道"职业发展通路（示意）

级别	管理通道	专业通道	技术通道
A级 ★★★★★	总裁		
B级 ★★★★	副总裁 部门经理 部门主管	销售大区总监 销售大区经理 高级专业经理	总工 资深高工 高工
C级 ★★★		销售区域经理 销售区域主管 专业主管	工程师
D级 ★★		专员	
E级 ★		作业员	

【案例 5-2】深圳华美集团职位发展通路（表 5-2～表 5-3）

1. 深圳华美集团职位族划分

表5-2　华美集团职位族划分

职族	管理职位族	营销职位族	生产职位族		技术职位族				专业事务职位族	辅助职位族
			生产管理类	品质管理类	设备技术类	工艺技术类	研发设计类	品质技术类		
定义	主管及主管以上，专门从事管理工作的职位	专门从事产品直接销售和市场管理的职位	专门从事产品生产制造工作的职位	专门从事品质检验化验工作的职位	专门设备选型、改造、工艺等技术工作的职位	专门从事工艺技术设计、优化、执行状况监督等技术工作的职位	专门从事产品设计或研发等技术工作的职位	专门从事品质检测技术、品质技术管理等职位	从事各项专业性工作的职位，包括人力资源、财务、法律、物流、采购等	为公司日常经营活动提供后勤支持的岗位，如绿堂、食堂、物业、绿化等
典型职位	集团经理、集团副总经理、集团总经理助理、下属公司经理、下属公司副总经理、集团部门经理、下属公司部门经理、主管	集团营销总经理（副总经理/总经理助理/总经理分管营销）、下属公司营销副总经理、集团营销经理、营销经理、营销主管、公司营销业务员	集团生产副总经理（副总经理/总经理助理/总经理分管生产）、下属公司生产副总经理、下属公司生产经理、下属公司生产主管、生产管理专员		集团公司技术副总经理（副总经理/总工程师/总经理分管技术）、下属公司技术经理、高级工程师/首席工程师、下属公司工程师、下属公司助工、技术员				集团总经济师、总会计师（副总经理/总经理分管专业事务）、下属公司副总经理（分管财务、人力资源等）、集团专业事务经理、总部专业事务经理、下属公司专业事务主管、集团专业事务专员、下属公司专业事务专员	集团行政副总经理（副总经理/总经理助理分管行政、商务公司总经理）、下属公司副总经理/副总经理、集团辅助经理（物业、安保等）、辅助主管、辅助专员

2. 深圳华美集团职位发展通路

表5-3　华美集团职位发展通路

职族	职系	职级					职位名称
		五级	四级	三级	二级	一级	
管理职位族	—	■					集团公司总经理、集团公司副总经理
			■				集团公司总经理助理、下属公司总经理
				■			集团公司部门经理/部门副经理、下属公司副总经理/总经理助理
				■			下属公司部门经理/部门副经理
						■	集团公司部门主管、下属公司部门主管
营销职位族	—	■					集团公司营销副总经理（副总经理/总经理助理分管营销）
			■				下属公司营销副总经理
				■			下属公司营销经理
					■		下属公司营销主管
						■	下属公司业务员
生产职位族	生产管理类 品质管理类	■					集团公司生产副总经理（副总经理/总经理助理分管生产/品管）
			■				下属公司生产副总经理、品管副总经理（副总经理/总经理助理分管生产/品管）
				■			下属公司生产经理、品管经理
					■		下属公司生产主管、品管主管
						■	下属公司生产管理专员、品管专员

续表

职族	职系	五级	四级	三级	二级	一级	职位名称
技术职位族	设备技术类	■					集团公司技术副总经理/总工程师（副总经理/总经理助理分管技术）
	工艺技术类		■				下属公司技术副总经理/总工程师
	设计/研发类			■			下属公司技术经理、高级工程师/首席工程师
	品质技术类				■		下属公司技术主管、工程师
						■	下属公司助工、技术员
专业事务职位族	人力资源类	■					集团公司总经济师/总会计师（副总经理/总经理助理分管专业事务）
	财务管理类		■				下属公司专业副总经理、集团公司专业事务经理
	采购物流类			■			下属公司专业事务经理、集团公司专业事务主管
	行政管理类				■		下属公司专业事务主管、集团公司专业事务专员
	信息管理类					■	下属公司专业事务专员
	企业管理类						
辅助职位族		■					集团公司行政副总经理（副总经理/总经理助理分管行政）
			■				商务公司总经理/副总经理
	物业服务类			■			辅助经理（物业、安保等）
	饮食服务类				■		辅助主管
	安保服务类					■	辅助专员

【案例 5-3】腾讯职位发展通路

腾讯内部将职位族分成 4 大类，分别是技术族 T 序列（包括设计职系、软件开发职系、游戏美术职系、质量管理职系、技术运营职系、技术研究职系、安全技术职系），产品 / 项目族 P 序列（产品职系、项目职系、游戏策划职系），市场族 M 序列（战略职系、营销职系、客服职系、内容职系、销售职系），专业族 S 序列（财务职系、人力资源职系、法律职系、行政职系、采购职系、公共关系职系、企业管理职系、建筑工程职系、秘书职系）。每个职族序列分为 6 大级，分别为初做者、有经验者、高级（骨干）、专家、资深专家、权威。每个大级又分为 3 小等，分别为基础等、普通等、职业等。简称 4 类 6 级 3 等职位发展通路。

（2）职位发展矩阵规划。企业在确定了职位发展通路之后，还需要明确每个岗位的发展路径，即职位发展矩阵，因为员工在职位发展的过程中可能会存在纵向发展，也可能会存在横向发展，那么究竟哪些岗位之间可以横向轮岗，而哪些岗位是可以直接纵向发展，哪些岗位不可以直接纵向发展的呢？

① 纵向发展。即员工职务等级由低级到高级的提升，比如从专员到主管、从主管到经理、从经理到总监、从总监到副总经理等。

② 横向发展。横向发展，指在同一层次不同职务之间的调动，如由人力资源部经理调到办公室任主任、由工程技术部经理横向发展到研发部经理。此种横向发展可以发现员工的最佳发挥点，同时又可以使员工自己积累各个方面的经验，为以后的发展创造更加有利的条件。

【案例 5-4】浙江信睿科技职位发展通路设计（表 5-4 ～表 5-9）

浙江信睿科技将职位族规划为管理职位族、技术职位族、营销职位族、生产制造职位族、专业事务职位族、辅助职位族共 6 类，管理层级分为 A 层级（高管级）、B 层级（经理级）、C 层级（主管级）、D 层级（专员级）、E 层级（作业员级）共 5 级，本案例展示部分层级横向发展规划以及部分职位族纵向发展规划。

1. 浙江信睿科技职位横向发展规划（B层级）

表5-4　浙江信睿科技B层级职位横向发展规划

岗位名称	市场部经理	国内销售部经理	国际贸易部经理	销售管理部经理	售后服务部经理	基础研究部经理	产品研发部经理	工艺部经理	计划仓储部经理	采购管理部经理	生产部经理	品管部经理	财务管理部经理	经营管理部经理	行政服务部经理	流程信息部经理	人力资源部经理
市场部经理	■		→	→	→												
国内销售部经理	→	■	→	→	→												
国际贸易部经理	→	→	■	→	→												
销售管理部经理	→	→	→	■	→				→	→							
售后服务部经理			→		■									→			
基础研究部经理						■	→	→						→			
产品研发部经理	→					→	■	→					→	→			
工艺部经理					→	→	→	■	→	→	→						
计划仓储部经理				→					■	→	→						
采购管理部经理				→					→	■	→						
生产部经理					→				→	→	■						
品管部经理							→	→	→			■		→			
财务管理部经理									→	→			■	→		→	→
经营管理部经理	→			→	→				→	→			→	■		→	→
行政服务部经理									→						■		
流程信息部经理									→					→		■	
人力资源部经理														→	→		■

2. 浙江信睿科技职位横向发展规划（C层级）

表5-5　浙江信睿科技C层级职位横向发展规划

岗位名称	区域经理	仓储物流主管	销售计划主管	销售商务主管	基础研究高工	BOM主管	研发高工	工艺技术主管	设备主管	生产计划主管	物流主管	采购主管	车间主任	品保主管	财务主管	绩效经理	流程经理	IT高级工程师	人事经理	薪酬绩效经理
区域经理	■			→																
仓储物流主管		■	→	→							→									
销售计划主管	→	→	■	→						→	→									
销售商务主管	→		→	■																
基础研究高工	→				■		→	→						→						
BOM主管						■														
研发高工	→				→	→	■	→						→						
工艺技术主管					→	→	→	■	→		→	→	→							
设备主管									■											
生产计划主管		→	→							■	→		→							
物流主管		→								→	■		→							
采购主管		→	→	→						→	→	■								
车间主任		→	→				→	→	→	→			■							
品保主管											→			■			→			
财务主管															■					
绩效经理																■	→		→	→
流程经理		→	→							→	→					→	■			
IT高级工程师																→		■		
人事经理																→			■	→
薪酬绩效经理																→		→	→	■

3. 浙江信睿科技职位纵向发展规划（技术职位族）

表5-6 浙江信睿科技技术职位族职位纵向发展规划

层级	职级	基础研究	产品研发	工艺	品管	流程信息（IT）
A层级	总工程师	总经理				
	副总工程师	技术副总经理（0）				
B层级	主任工程师	基础研究部经理（1）	产品研发部经理（2）／研发主任工程师（6）	工艺部经理（3）	品管部经理（4）	流程信息部经理（5）
C层级	高级工程师	基础研究高工（7）	研发高级工程师（8）			IT高级工程师（9）
D层级	工程师	标准化工程师（10）	研发工程师（11）	工艺工程师（12）	质量工程师（13）	IT工程师（14）
E层级	助理工程师	基础研究助理工程师（15）	研发助理工程师（16）	工艺助理工程师（17）		

说明：（1）灰色代表该岗位的发展"天花板"，表示该岗位必须通过横向轮岗才能晋升到更高职位，如基础研究部经理、工艺部经理、品管部经理、流程信息部经理均不能直接升任研发副总经理。（2）岗位编号相同者可以相互轮岗。

表5-7 浙江信睿科技技术职位族职位纵向发展路径

E层级	D层级	C层级	B层级	A层级
		（7）	（1）	
	（16）～（11）	（8）	（6）～（2）	（0）
	（17）～（12）			
	（13）	（4）		
	（14）	（9）	（5）	

4. 浙江信睿科技职位纵向发展规划（生产制造职位族）

表5-8 浙江信睿科技生产制造职位族职位纵向发展规划

A层级 高管级								
（0）运营副总经理								
B层级 经理级								
（1）工艺部经理				（2）计划仓储部经理		（3）生产部经理	（4）品管部经理	
C层级 主管级								
（5）设备主管			（6）动力能源主管		（7）计划仓储部物流主管	（8）生产部车间主任		
D层级 专员级								
E层级 作业员级								
（9）机修技师			（9）电工技师			（10）车间班长	（11）检验班长	（11）计量班长
（12）机修工	（13）磨刀工	（14）仓管员	（12）电工	（12）行车维修工	（14）仓管员	（14）仓储物流操作工	（15）车间操作工	（16）检验员 （16）计量员

表5-9 浙江信睿科技生产制造职位族职位纵向发展路径

E层级	D层级	C层级	B层级	A层级
（12）～（9）		（5）/（6）	（1）	（0）
		（7）	（2）	（0）
（15）～（10）		（8）	（3）	（0）
（16）～（11）				

三、员工发展激励管理

实施员工发展激励体系对员工的中长期发展至关重要，对企业稳定员工队伍也是非常关键的，因此员工发展激励体系实施过程中需要注意以下几个问题。

1. 发展激励是一项长期工程

员工发展激励可以说是纵贯员工整个职业生涯的事情，日本企业的终身制、缓慢晋升制是最好的体现，虽然中国企业员工流动性比较高，但也要企业在实施员工发展激励体系的时候本着长期发展的出发点进行设计。

2. 发展激励需要管理者与员工高度协同

员工发展激励体系不仅仅是管理者一厢情愿的事情，还与员工自身的意愿和努力是分不开的，同时员工的职业发展目标又与企业的战略目标息息相关，因此，发展激励的规划与实施需要管理者与员工之间形成高度默契才能体现最佳激励效果。

第六章　授权激励

一、授权激励的核心

二、授权激励体系设计

三、授权激励管理

一、授权激励的核心

有人说：如果没有高昂的士气，工作就是苦役，而监督就近乎奴役。所以给员工创造一个发挥个人才智的空间非常重要。当员工在一定范围内拥有自主权后，他会充分利用所掌握的信息在第一时间内把工作做得更加出色，有效地提高了工作效率，同时也会使员工对企业的认同感和归属感提高。另外，作为一个管理者能提供给下属适当挑战性的工作，并赋予重要的责任和权力，以有效促进工作目标的实现，这不仅能对员工起到很大的激励作用，更是管理者所期望的结果。

企业管理中要形成"激励——努力——绩效提高——满意——再激励"的良性循环模式。在工作中，其实每个人都想实现自我价值，授权激励是对下属的一种信任。员工一旦意识到上级对自己的信赖，就会大大激发自己在工作中的创造性和主动性，从而提高了员工的自觉性、工作热情。直接带来的结果就是员工士气高昂、绩效快速提升，更好地帮助企业实现战略目标，此时管理者就有可能对其授予更多自主决策的权力。

所以，管理者应学会有效授权，信任下属并鼓励他们独立工作，而不是紧紧地监督他们。但是，管理者必须不断地从下属那里得到反馈，这是保证授权成功的关键所在。仅有授权而不实施控制会招致许多麻烦，最可能出现的结果是下属会滥用他获得的权力。

1. 什么是授权激励

授权激励就是给予员工与其职位责任相对应的权力，确保员工在责任与权力范围内最大化发挥自己的主动性，激发员工潜力，取得更优异的工作成绩。

一般来说，职位越高的人，其权力就会越大，掌握的资源也就越多，做出的工作成就也就越大。但作为管理者一定要明白，团队的工作业绩并不是管理者一个人能够完成的，学会授权并让员工在充分授权的条件下开展工作，相信会取得意想不到的效果。

在本人的拙作《学管理 用管理 会管理》一书中曾经提到，优秀管理者需具备的 8 项基本条件，包括善于选才、知人善任、懂得授权、长于组织建设、善于调动资源、精于计划与协调、坚持目标、富有激情。书中强调：优秀的管理者深谙责权对等的意义与价值，所以他们非常清楚做好每件事情需要的权力并充分授权，发挥每位员工的积极性和主动性，从而创造双赢、多赢的工作局面。

当然，员工谁都不喜欢早请示、晚汇报的领导风格，每个人都期望在明确目标、明确责任、明确授权、明确汇报关系的工作氛围中开展工作，在自己职责和权限范围内的事情由自己解决，而超越权限或不在权限范围内的事情再寻求管理者的协助。

2. 权限类型及权限层次划分

通常而言，权限类型分为四种，分别为人事权、财务权、资源调配权及信息权（见图 6-1）。常见的人事权有人事任免权、员工考核权、奖金分配权、组织调整权等；常见的财务权有对外投资权、企业融资权、预算编制权、预算调整权、超预算修正权、成本控制权、费用审批权等；常见的资源调配权有办公类固定资产调配权、设备类固定资产处置权、生产类固定资产处置权、低值易耗品处置权、不良资产处置权、不合格产品处理权等；常见的信息权有财务信息知晓权、档案信息查询权、产品信息知晓权、合理化建议权、相关报表信息知晓权、经济合同评审权等。

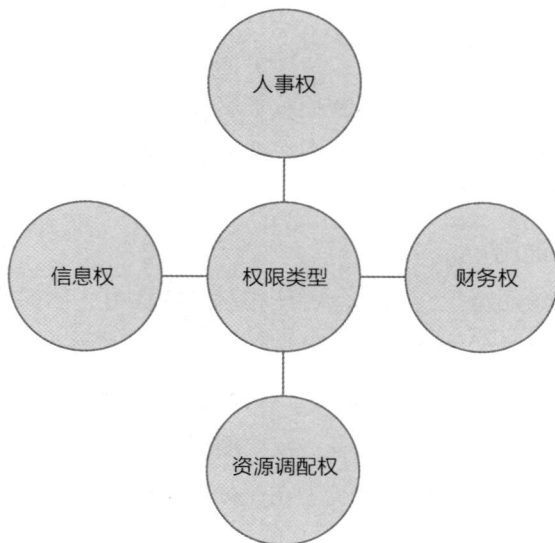

图6-1　权限类型

另外，权限层次分为建议权、提案权、一级审核权、二级审核权、表决权、审批权、知会权等（见图 6-2）。

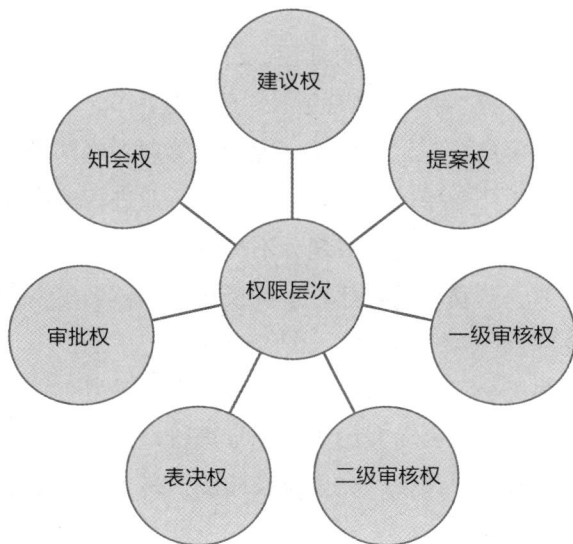

图6-2　权限层次

3. 授权激励价值体现

授权激励体系一方面可以调动员工的积极性，因为在很多公司，每个岗位的责、权、利其实是不对等的，这就造成很多员工承担了责任，但没有权力保证，也没有利益保障，最终导致工作无法开展；另一方面企业可以通过授权体系，压缩审批环节，提升流程效率；还有一方面企业通过授权体系促使员工能力的提升，缺乏授权体系的企业，员工工作基本上是"等、靠、要"，有了授权保障，员工可以变被动为主动。

授权激励的价值主要体现在以下几个方面：

（1）激发员工，提高员工工作激情。人力资源管理的最高境界就是把合适的人放在合适的位子，让其发挥最大的价值。这句话有两个前提，那就是"合适的人""合适的位子"，有时候是人是合适的，但位子不合适；也有可能是位子是合适的，但人不合适，两种情况都是不可取的。那问题来了，究竟是选择合适的人对应合适的位子呢，还是选合适的位子对应合适的人呢？我们的实践经验是先把位子定义清楚，然后对应合适的人，这样更好。

这里所说的"把位子定义清楚"是说要将岗位对应的责任、目标、权限、利益、任职要求全部描述出来。请注意，在这个过程中很多企业只做了其中的一部分工作，如岗位职责、任职资格、对应薪酬等，但往往忽略了对权限的定义，这就导致很多员工缺乏工作积极性。

授权激励需要企业对每个岗位的责任、目标、权限、利益、任职要求都要进行明确，让员工在责、权、利、对等的情况下开展工作。

（2）简化流程，提高员工工作效率。成功的管理者都知道充分授权是调动下属积极性，提高下属工作效率的最有效方法。在企业进行流程优化时，往往会发现影响流程效率的大部分原因是权限划分不清晰、流程审批环节太多，因此，适度减少流程审批环节，明确审批责任，适度授权给具体做事情的人去决策，就会大幅度提升工作效率。

（3）给员工更多机会，促进员工成长。在没有明确授权之前，员工的工作心理是这样的：反正后面还有人对我的工作结果进行审核，大不了等审批意见出来之后再做二次、三次修改和调整。如果授权明确，员工在做事情的时候就会想着尽可能一次就把事情做到位。

4. 授权激励原则

为了最大化发挥流程激励效果，我们将流程激励原则归结为就近授权原则、责权对等原则、角色授权原则、两级授权原则、授权监督原则（见图6-3）。

（1）就近授权原则，让听得到"炮声"的人去决策。授权一定要让最贴近业务实际的角色进行决策，因为越接近业务实际就越有发言权，也更能准确、有效地进行决策。

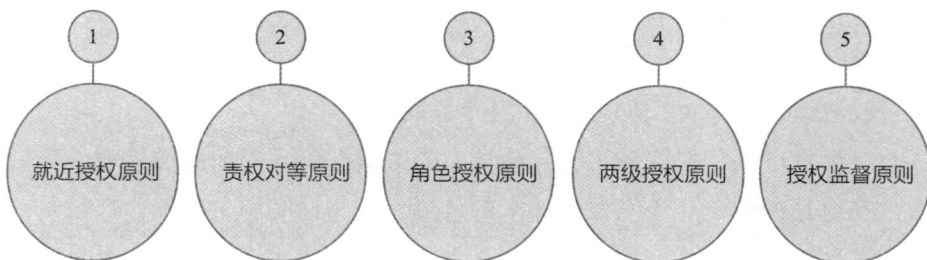

图6-3　授权激励原则

（2）责权对等原则。授权可以改变相关责任人有责无权的状态，有利于调动相关责任人的积极性。但在实践中要防止有权无责或者权责失当的现象，有权无责，用权时就容易出现随心所欲、缺乏责任心的情况；权大责小用权时就会疏忽大意责任心也不会很强；权小责大，责任人无法承担权力运用的责任，因此，授予多大的权利，就要有多大的责任，要求多大的责任就应该授予多大的权力，权力和责任要对等。

（3）对角色授权而非对人授权。很多企业在进行授权的时候，往往误认为是对具体某个人的授权，殊不知正确的授权仅仅是对角色进行授权，对人的授权是指具体的某个人。

（4）采用两级授权，最多不要超过三级。最有效的授权是两级授权，即对某项决策事项通过审核、批准进行授权，授权如果超过三级，甚至达到四级、五级的话，一定会影响工作效率。

（5）授权不等于撒手不管，还需适时监督。授权的同时要加强授权管控，企业可以通过管理审计、绩效分析、风险控制等手段对滥用权限、越权、不作为等行为检讨，发现问题，及时优化。

二、授权激励体系设计

授权绝不是简单地把工作责任、权限交给下属，而是一个必须经过周密思考，精心准备，既要确保工作效率最优化，同时也要考虑企业经营风险可控，不能在授权过程中出现任何差错。根据我们多年实践结果，我们将授权激励体系设计分为五个步骤，即规划分权模式、确定授权内容、优化授权流程、培育授权氛围、实施授权审计，如图 6-4 所示。

1. 规划分权模式

企业根据自己的业务特点及组织模式，需要规划符合自身经营需要的管控模式，比如财务管控型、战略设计型、战略控制型、运营管控型，不同的管控模式背后代表不同的授权内容及授权程度。

2. 确定授权内容

在正式授权之前，企业需要根据业务蓝图对公司所有业务进行分类，并按照业务逻辑关系图规划出需要授权的工作内容清单，以及这些工作内容所属流程。在这里需要特别提醒一下，工作内容有些是必须授权的，有些是应该授权的，有些是不能授权的。

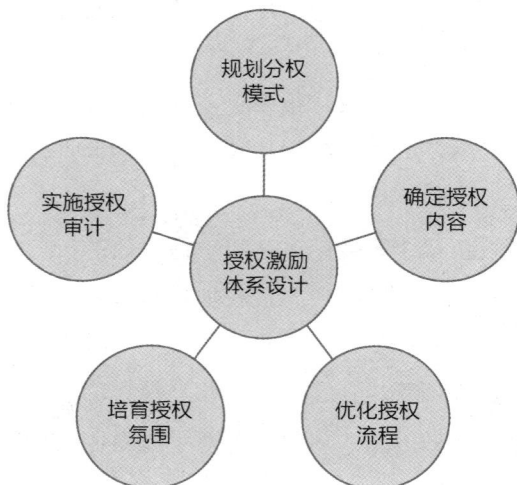

图6-4　授权激励体系设计核心工作

（1）必须授权的工作。根据流程这些工作本不应该由管理者亲自去做，只是由于过往的工作习惯或者管理者的喜好、意愿等，这些工作仍然由管理者亲力亲为。

（2）应该授权的工作。这类工作一般是指下属是有能力胜任的一些例行性工作，下属对此感兴趣，觉得有意思或者有挑战，而管理者却一直由于疏忽或其他原因而没有交给下属去做，这类工作授权的意义在于不但可以节约管理者的工作时间，更有利于调动下属的工作积极性。

（3）不能授权的工作。在每个企业的工作之中，总有一些工作关系到企业的生死存亡，这些工作一旦失误将会造成极大的损失，或者这类工作除了管理者本人，其他人是无法完成的，这些工作是不可以授权的，必须由管理者亲力亲为。

3. 优化授权流程

前文已经提到，对角色授权而非对人授权，这个角色可能是一个岗位，也可能是流程中一个环节的责任人，为了清晰流程授权到角色，最有效的方法是企业及时对一级流程、二级流程、三级流程进行系统优化。因为一级流程涉及部门之间、部门与公司高层之间的权限划分，二级流程、三级流程涉及部门内部岗位之间的权限划分，一级流程的"部门"、二级与三级流程中的"岗位"都是"角色"。

【案例 6-1】浙江信睿科技产品研发流程授权体系（图 6-5）

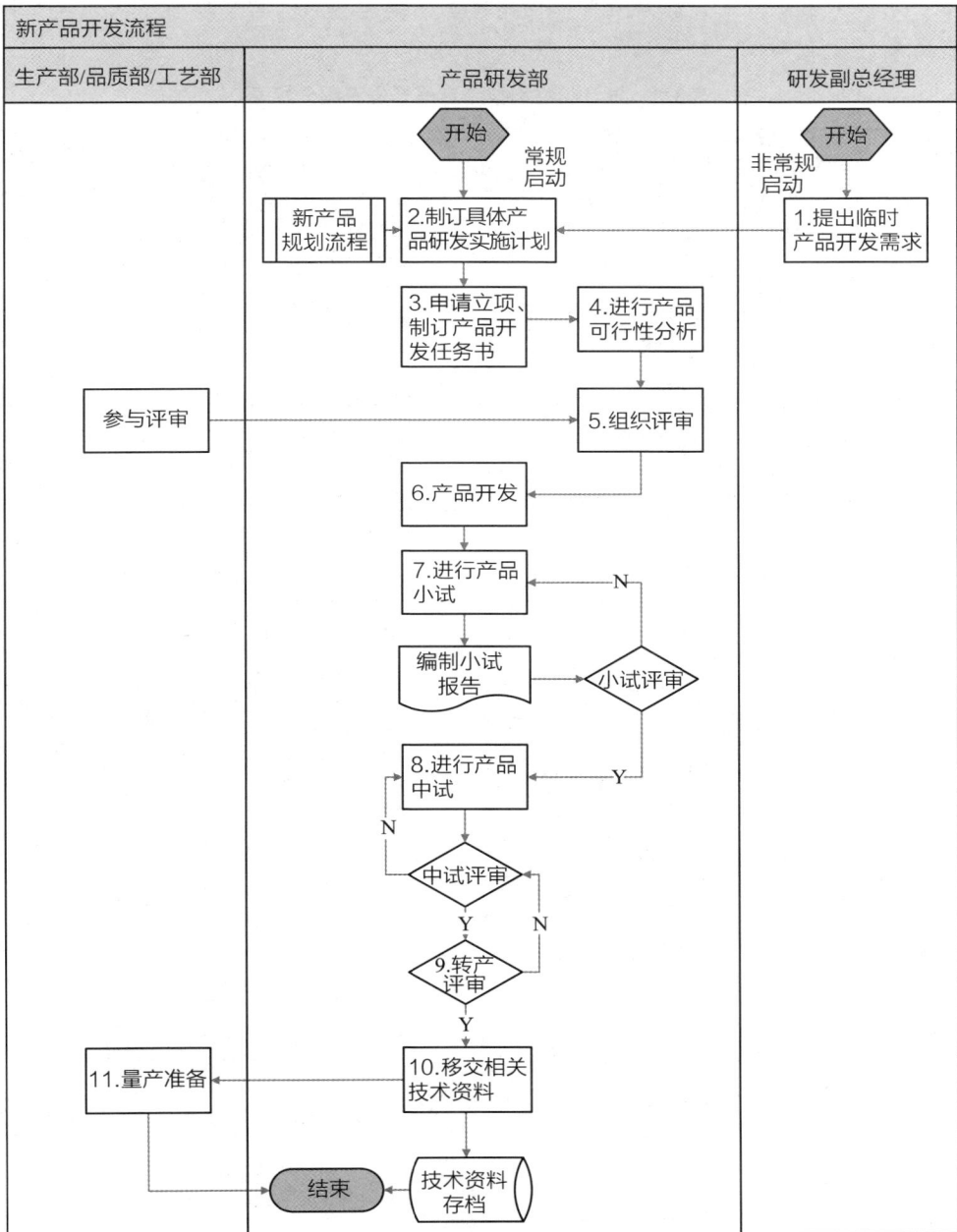

图6-5　浙江信睿科技新产品开发流程

表 6-1 是浙江信睿科技新产品开发流程及相关分权表，该企业在新产品研发领域还有产品规划流程、产品立项管理流程、工程试产流程、可生产性评审流程、产品结案流程等，表 6-2 就是根据这些流程汇总的该企业产品研发流程分权汇总表。

表6-1 浙江信睿科技新产品开发流程分权表

序号	分权事项	提案	审核				审批	知会
			初审	审核	会审			
1	产品研发实施计划	项目组			产品研发部、生产部、采购部、工艺部、品质部	研发副总	
2	新品可行性分析	项目组	产品研发部			研发副总	
3	小试报告	项目组	产品研发部		生产部、采购部、工艺部、品质部	研发副总	
4	中试报告	项目组	产品研发部		生产部、采购部、工艺部、品质部	研发副总	
5	转产评审	项目组	产品研发部		生产部、采购部、工艺部、品质部	研发副总	

表6-2 浙江信睿科技产品研发流程分权汇总表

流程名称	流程授权内容	提报	审核			审批	知会
			初审	复核	会审		
产品规划流程	年度产品线规划路径图	产品研发部经理	研发总监		销售、市场部负责人	产品委员会	总经理
产品立项管理流程	项目立项申请单	产品研发部经理				研发总监	
	项目立项任务书	项目经理	产品研发部经理		研发总监	总经理	
	项目计划表	项目负责人			项目成员	研发副总	
工程试产流程	产品总体设计方案	项目负责人				制造副总	
	周工程试产计划	生产计划员	生产部经理		项目成员	研发副总	
可生产性评审流程	产品设计图纸	产品工程师	工艺部经理			制造副总	
	产品设计工艺评估报告	工程IE				工程部经理	
	可生产性评估报告	工程IE	制造副总		项目成员	研发副总	

续表

流程名称	流程授权内容	提报	审核			审批	知会
			初审	复核	会审		
产品结案流程	试产总结报告	工艺部测试员	项目负责人	工艺部经理		制造副总	
	项目稽查表	工程部IE	IE主管			工程部经理	
	项目分析表	QA	QA主管			品管部经理	
	项目文件输出清单	试产车间主任	项目负责人			制造副总	
	产品规格书	项目负责人			工程、品管	制造副总	
	产品列表	项目负责人			工程、品管	制造副总	

4. 培育授权氛围

授权不仅仅是一项工作，授权更是一种文化。大家耳熟能详的海底捞就是把授权文化做到了极致，海底捞可以做到让一线员工都有权给顾客免单；华为也是将授权做到极致的一个典型，华为提出的"让听得到炮火的人决策"就是华为授权成功的最佳证明，这些企业之所以伟大是因为他们培育了健康、积极、完善的授权文化，做到人尽其才，物尽其用。

海底捞董事长张勇深谙授权的重要性，因为火锅店不能像工厂一样批量生产，每家店就是一个独立的经营单元，每张餐桌就是一个独立的订单交付中心，如果没有完善的授权体系而全靠老板一个人去管，估计张勇再有能耐，也不可能管好几百家店。

关于授权，海底捞的老板张勇对下属的授权可谓是"大胆"的。在海底捞，副总经理、财务总监和大区经理有100万元以下开支的签字权，大宗采购部长、工程部长和小区经理有30万元的审批权，店长则有3万元以下的签字权。而对于海底捞的一线服务员工来说，他们也同样有着比同行大得多的权力，那就是免单权，只要他们认为有必要，就可以给顾客免费送一些菜，甚至有权免掉一餐的费用，要知道，海底捞员工的这些权力在其他餐厅，起码要店长才会拥有。

对此，张勇是这样解释的：如果亲姐妹代你去买菜，你还会派人跟着监督吗？当然不会。其实，顾客从进店到离店始终是和服务员打交道，如果顾客对服务不满意，一线员工是最清楚原因的。因此把解决问题的权力交给一线员工，才能最大限度地、最快速地消除顾客的不满意。

5. 实施授权审计

在华为，始终坚持两条线：既要充分授权，同时也要加强监督。让员工有更多的决策权，能有效地实施灵活机动的战略战术，及时处理一线的各种问题和异常，有利于提升客户满意度，提升企业经营业绩，同时也有助于员工成长与发展。华为也非常清楚，授权不等于放权，为此华为建立起了完善的内部审计体系，确保不滥用权力，也不会授权失控。

三、授权激励管理

授权激励作为员工发展激励体系中非常重要的一种手段，授权得当，员工积极性会被充分调动起来，企业经营目标的实现就指日可待；授权不当，会影响企业运营效率，造成企业受损；授权失控，就会造成权力被滥用。因此，企业在授权激励体系设计和实施过程中要注意以下几点，如图6-6所示。

1. "让听得到炮火的人去决策"

"让听得到炮火的人去决策"，这是华为任正非说过的一句话，任正非指出要把决策权根据授权规则授给一线员工，后方则起保障作用。这样一来，企业才能做到以客户需求为导向，以目标驱动流程，一切为一线着想，让一线员工发挥最大价值。

海尔最新的"倒金字塔"组织模式也充分体现了这一授权理念，"倒金字塔"顶部是围绕客户核心需求的市场、研发、客户服务工作小组；"倒金字塔"中部是供应链及各职能部门；"倒金字塔"最底部则是公司决策层，张瑞敏要求公司的决策层、中层及职能中心必须对以客户为中心的工作小组充分授权并提供帮助和支持。

2. 授权不等于放权

授权是在流程指引下对相关角色权限的明确，相关角色在授权范围内行使自己的职责，这种授权可能是建议权、提案权，也可能是审核权（分一级审核权、二级审核权），还可能是审批权，还可能是知会权。因此，企业在进行授权的时候一定要注明到底是为什么事情、授的什么权限，同时企业也一定要明白"授权不等于放权"的道理。

3. 授权离开了监督就是纵容"犯错"

授权如果离开了审计和监督就一定会产生权力被滥用，甚至腐败，因此企业在建立授权体系的同时，也有必要同步建立授权监督体系，至于监督的方式有很多，如例行性审计、专项工作审计、流程审计、管理者离任审计、绩效评价、授权检讨专题会等都是可以有效帮助企业对授权相关事宜进行评价和监督。

在华为，始终坚持一个基本原则，即既要给员工充分授权，也要加强对授权的监督。让一线员工有更多的决策权，这样能有效地实施灵活机动的战略战术，应对复杂、多变的市场环境及客户需求，提升企业运营效率。但华为很清楚，授权的同时还必须强化监督、监察，由于权力已经前移，监管也要随之前移。

4. 对角色授权而非对人授权

再次明确一下，企业授权是相对于一定的角色的，而非针对某个具体的人，一个人可能扮演不同的角色，因此不论是组织中某一具体的岗位，还是流程过程的节点负责人，授权只是针对角色而言，切不可为了某个人进行特殊授权。

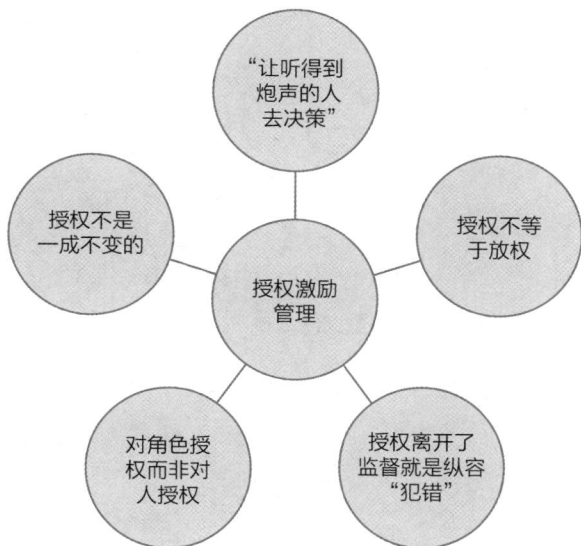

图6-6　授权激励管理

5. 授权不是一成不变的

随着企业分权模式的变化、组织结构的调整以及业务流程的优化与再造，授权文件相应都要进行调整，一个好的做法就是每年年初在明确各部门、岗位工作目标的时候，连同目标责任书、组织手册、岗位说明书、授权文件、激励方案一起发到每个部门、员工手中，这样就形成了授权动态管理机制。

第七章 事业激励

一、事业激励核心

二、事业激励体系设计

三、事业激励体系管理

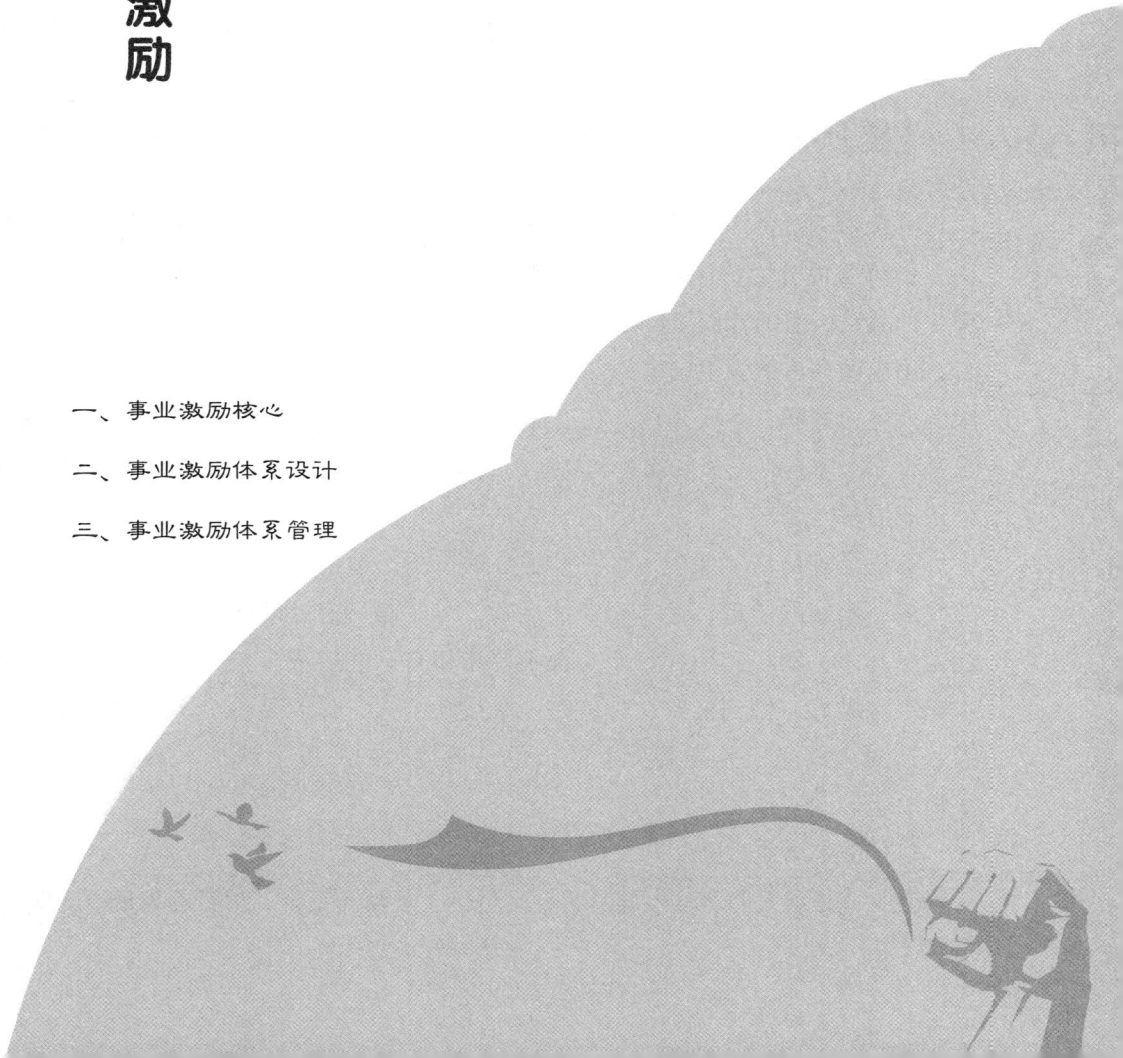

一、事业激励核心

马斯洛曾经说过："音乐家必须创造音乐，画家必须绘画，诗人必须写作，否则他们就无法让自己真正淡泊宁静。是什么人就会想做什么事，我们把这种需要称为自我实现的需要……它是指人对自我满足的欲望，即把潜在的自我变为真实自我的倾向：想成为自己有能力成为的人……"

亚当·斯密在《国富论》中提到：分工是国民财富增进的源泉。他认为，一国国民财富的积累首先要提高劳动生产率，而劳动生产率的提高则是由于分工的结果。他把分工分为三类，一是企业内部分工，二是企业间分工，三是产业分工或社会分工。不论哪一种分工，最终的结果是在这个社会上产生了企业、个体之间分工的差异，让专业的企业生产专业的产品，让专业的人做专业的事。

古希腊"三贤"（苏格拉底、柏拉图、亚里士多德）之一的柏拉图在《理想国》中将公民分为治国者、武士、劳动者 3 个等级，分别代表智慧、勇敢和欲望 3 种品性。治国者依靠自己的哲学智慧和道德力量统治国家；武士们辅助治国者，用忠诚和勇敢保卫国家的安全；劳动者则为全国提供物质生活资料。3 个等级的人各司其职，各安其位。在这样的国家中，治国者均是德高望重的哲学家，只有哲学家才具有完美的德行和高超的智慧，明了正义之所在，按理性的指引去公正地治理国家。

不论是马斯洛、亚当·斯密，还是柏拉图，他们都指出时代的进步、社会的发展、国家的治理，还有企业的运营，分工是所有这些的基础，只有分工才能人尽其才、物尽其用，每个人都不要指望自己能够成为全才，只要把自己的本职工作做好、做到极致，你就是一个成功的人，你就是一个实现自我价值的人，这对人的激励是至高无上的，也是最持久的，以上就是本书所说的事业激励。

1. 什么是事业激励

事业，是指人们所从事的具有一定目标、规模和系统，对社会发展有影响的活动。《易经》中提到：举而措之天下之民，谓之事业。简单地说，就是做自己喜欢的事情，同时又帮助了他人，这就是事业。事业不仅仅是指创业，事业也指个人的成就。

事业是一个人可以一辈子为之所奋斗的，终其一生去为实现自己的目标而坚持不懈的努力。事业是解决人类最高层次的需求，社会认可和自我价值的真正实现。在这个过程中，不管路途有再遥远，道路再曲折，艰难险阻再多，只要喜欢，就会去从事。

就如马斯洛所说音乐家必须创造音乐，画家必须绘画，诗人必须写作；也如亚当·斯密提到的企业内部分工、企业间分工、产业分工或社会分工最终产生产业工人；还如柏拉图在《理想国》中描绘的治国者统治国家，武士们保卫国家的安全，劳动者提供物质生活资料，可以说这些人都是在做自己的事业。

事业激励就是让一个人将自己所做的事情，不管是个人创业，还是做自己喜欢做的事情，当成终生追求的事业，进而激发工作热情。事业激励是员工激励中最高层次的激励方式，它的价值远在成长激励、授权激励之上，但要真正做到，也不是一件容易的事情。

2. 事业激励价值体现

事业激励的价值体现在两个方面：其一，确保员工把工作当成事业来做；其二，让员工学会经营自己。

（1）把工作当成事业来做。有什么东西可以让一个人不计其他利益得失而全力以赴呢？松下幸之助曾经对松下电器的发展前景有句名言：我为松下制定了250年的奋斗周期，要10代松下人不断奋斗，使这个世界成为事业的乐土。当员工把工作当作自己的事业时，无论企业提出怎样高标准的目标和要求，他们都会选择努力达到目标。

作为企业，不要只记得你与员工之间是雇佣和被雇佣的关系，那样的话，员工也就永远是听话的"机器"，企业不可能真正兴旺发达，员工自身的潜能也得不到应有的开发。如果企业能够将二者的关系看作是互信、互利的结合体，那么情况就大大不同了：企业为员工发展提供的是平台，这里的一切都有赖于员工自己的才能施展，他从这里腾飞的时候也是给企业带来最大效益的时候。

在华为公司，当员工要跳槽时，公司是不会试图用加薪的方法留住员工的，因为他们知道钱能起到的作用是短暂和表象的，它不能唤起员工对工作的渴望和热爱。同样，康柏在招聘时会问应聘者"希望公司能给你什么"，他们想告诉员工公司不单只给你薪酬，更重要的是前途和发展，这些是员工所获得的"隐性利益"。"隐性利益"如同职业发展的"利息"，它比薪酬更有价值，更能激发员工为企业奋斗，从而创造价值的愿望。

可见，真正意义的优秀员工注重的是自己的成长性及自己的发展空间是否与企业经营理念紧密相关，即对企业有认同感。要真正留住和激励员工，使人才有用武之地，就得靠事业留人。

如同"授人以鱼，不如授人以渔"的道理一样简单，没有什么比心理上的成功感更令人欣喜鼓舞的了。所以，若员工将工作当作是自己的事业，他必会竭尽全力地工作，最终受益的是企业和员工双方。

（2）让员工学会经营自己。事业激励可以让员工摒弃传统的打工心态，或者仅仅把工作当成获得劳动报酬的一种手段，因为事业是每位员工穷其终生精力所追求的事情。每位员工要学会珍惜自己的每一份工作和每一次职业发展机遇，学会像经营企业那样经营自己，并通过快乐地做必须做的每一件事情来培养自己职业化素养，力争每项工作都能按照做事业的标准去做，进而塑造自己的职业影响力及个人品牌价值。

大家熟悉的艾尔弗雷德·斯隆——通用汽车公司第八任总裁，执掌通用汽车 23 年之久，是事业部组织模式的创始人，其个人专著《我在通用汽车的岁月》堪称管理学界的里程碑，管理学界将其与通用电气的 CEO 杰克·韦尔奇并称为二十世纪最伟大的 CEO。

杰克·韦尔奇自 1960 年加入通用电气，到 1981 年 4 月成为通用电气历史上最年轻的董事长和 CEO。从入主通用电气起，在 20 年间，他将一个弥漫着浓厚的官僚主义气息的公司，打造成了一个充满朝气、富有生机的企业巨头。在 2001 年 9 月退休时，他被誉为"最受尊敬的 CEO""全球第一 CEO""美国当代最成功、最伟大的企业家"，他的专著《赢》影响着全球数以亿计的企业家、管理者。

乔布斯作为世界顶级的商业领袖，自 1996 年回归苹果公司到 2011 年 8 月宣布辞职，在短短 15 年的时间里让深陷经营泥潭的苹果公司浴火重生、异军突起，在 2012 年创下 6235 亿美元的市值纪录。苹果公司的产品不论是硬件产品（智能手机、笔记本电脑、台式电脑、平板、个人音乐播放器、服务器等），还是软件产品（MacOS 操作系统、IOS 操作系统、专业软件等）都取得了优异的市场业绩。可以这么说乔布斯成就了苹果公司，同时苹果公司也成就了商业奇才——乔布斯。

艾尔弗雷德·斯隆、杰克·韦尔奇、乔布斯，他们的成功有一个共同的特征，那就是他们都是坚持把自己当作企业那样去经营，最终成就了最优秀的自己。

在国内这样的例子也是比比皆是，大家熟悉的格力电器掌门人董明珠从一个业务员干起，凭着对事业的执着，一步一个脚印，从业务员、经营部部长、总经理到董事长。美的集团总裁方洪波 1992 年加入美的，从市场部部长、美的空调事业部总经理、美的制冷家电集团 CEO、广东美的电器股份有限公司董事局主席、总裁，每一次的进步都是他事业成功的见证。

3. 事业激励原则

为了达到事业激励的最佳效果，让企业中的每一个人都能把自己的工作当成事业去追求，每个人都能把自己当成企业那样去经营，事业激励必须遵守以下两大原则。

（1）因人而异原则。每个人在企业内部的分工不同，他的人生目标与事业追求就会存在差异，因此企业需要根据员工职业发展取向及岗位特点，引导员工树立自己的事业追求。这些事业追求不会因为岗位高低、工作复杂与否产生差异，即便是再简单的工作，把它做到极致也可以作为员工的事业追求。

（2）短期与长期相结合原则。事业激励要做到员工眼前的工作与长期的事业追求有机结合，这就需要做到对于短期而言，员工做自己感兴趣的工作；对于长期而言，员工的事业追求与短期感兴趣的工作是一致的。

二、事业激励体系设计

本书中我们把事业激励体系分成 4 个层次，分别为工作激励、参与激励、责任激励、事业激励，4 个层次由低到高，是一个循序渐进的过程（见图 7-1）。

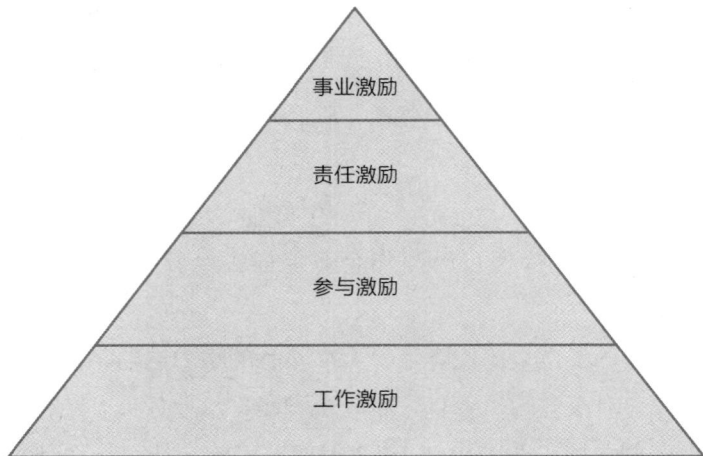

图7-1　事业激励层次

1. 工作激励：设计员工感兴趣的工作

有数据表明，一个公司中的工作可能有 40% 是"毫无价值"的，这些工作没有与职能或公司的战略目标有效结合。并且员工的工作对自己而言通常是无组织的、无条理的，他们的任务繁重、责任心不强、权力有限、工作效率不高，这些因素都会一步步地使大多数公司失去潜力。所以，如何利用工作设计促使员工积极努力，发挥自己的最大能量，并以此激励员工，这对于企业或员工都具有重要的意义。

（1）利用工作来激励员工就是让员工明白工作本身的意义，选择适合自身情况的岗位工作。随着环境的变化以及员工自身的成长与发展，原来的工作或许已不适合了，同时企业大多数的工作岗位都是为提高效率而设的，但工作内容的专业面窄、易学、重复性强导致了很多工作单调乏味。如果让员工继续在这样的岗位上就很难最大限度地发挥他们的能力和特长，从而降低了组织的效率。

（2）利用工作激励员工还需要让员工快乐地做自己必须做的事情。员工每天都会面临各种各样的工作，这些工作可能是帮助企业提升市场占有率，可能是帮助企业研发新产品，可能是控制成本和费用，也可能是制造产品，还可能是提供相关支持和服务……总之，只要我们翻翻企业内部岗位说明书，便可发现每个岗位承担的责任和工作清单，我们把这些工作定义为每个岗位必须做的事情。但在实际工作中，我们发现除了员工必须做的事情之外，由于个人喜好不同，每个人都有自己喜欢做的事情，这样一来就会存在以下几种情况：

① 必须做的事情全部是自己喜欢做的事情。这是最理想的一种状态，我们试想一下，一个人在这种情况之下做事的时候效率一定是最高的，质量也一定是最好的，同时在工作时的心情也是愉悦的，员工也是幸福的。

② 必须做的事情有一部分是自己喜欢做的事情，有一部分是不喜欢做的事情。在这种情况之下做事，一旦涉及必须做的事情是自己喜欢做的，员工就会像第一种情况一样全心投入，力求完美；而一旦涉及必须做的事情是自己不喜欢做的，员工做事的时候就会很痛苦，就会抱着"做了就行""能混就混""能拖就拖"的心态。

③ 必须做的事情没有一件是员工喜欢做的事情。这是一种非常糟糕的状态，这样的员工注定就不会把工作当成自己的事业来做。

也就是说，如果期望员工要把工作当成事业，就一定要做到让员工快乐地做必须做的事情。

2. 参与激励：让员工参与公司决策

在不同程度上让员工参加企业的相关决策过程和各项管理工作，他们可以感到上级主管的信任，感受到自己的利益与企业的发展有密切的关系，从而产生一种责任感。另外，也让员工因为能够参与商讨与自身有关的问题而受到激励，同时也为组织目标的实现提供了保证。

现代心理学研究表明，员工参与企业决策和管理的程度越深，其工作积极性就会越高。在企业管理过程中，中国企业让员工参与的机会太少，这种管理最终造成的后果是员工对企业提出的目标和做出的任何一项决策缺乏向心力，往往是管理者豪情万丈，踌躇满志，但员工心不在焉。这就需要管理者在决策过程中注重使用参与激励手段，尊重员工的各种意见和建议，尽量让员工自己做出承诺并努力实现其承诺。

越来越多的企业管理者意识到了让员工参与企业管理的必要性。事实证明推行这种"群策群力"的管理办法会让管理变得更容易，当然这需要拟定出一系列的"参与管理"办法，以发挥"智囊团"的作用。

有一家公司根据企业管理的需要成立了一个由中、高层管理人员组成的规范化小组来推动企业的制度化建设，同时从外部聘请了两名专业人员辅助该小组的工作。几个月下来，公司的制度有了一定的健全，可是并没有带来预期的效果，员工的流动率很高，严重影响到产品的质量，致使产品的退货率高达 7.8% 以上，企业一度陷入管理困境。

为什么会出现这种情况呢？其实，该公司的管理制度体系是在权威式的管理思想下形成的，员工没有提出意见的机会，即使有时员工提出了意见，也得不到管理者的重视。正是由于缺少这种员工参与管理的机制，直接造成了员工背离企业的行为。

每位员工都是团队的一员，如果大家都能像董事长、总经理那样为企业发展尽心尽力、时刻关心公司的成长，心往一处想，劲往一处使，这样的企业肯定会成为无坚不摧的团队。

要知道，没有一个员工愿意对企业运作一无所知而成为企业的局外人，都渴望深入到企业经营第一线，能够在第一时间了解企业经营动向和决策，真正参与到企业中来。这就要求企业的内部管理需要更加开放、透明，建立顺畅的内部沟通渠道，形成规范的、有章可循的"以制度管人，而非人管人"的管理制度，增加内部管理的公平性。

每个人都有被重视的渴望，企业敢于给予员工施展才华的舞台与机会，使其经常产生自豪感与成就感，充分体现员工的自我价值和在企业中的位置，是影响员工忠诚度的一个重要方面。明智的做法是着眼于发展战略规划和员工培养的大问题，把经营权下放给员工，选择那些优秀员工，给予他们足够的展现个人智慧的空间与权力，让企业尽量成为优秀员工发挥才智的舞台。授权是企业家重视、信任员工的最佳表现，企业家要善于通过授权激励员工奋进。

3. 责任激励：激发员工责任心

责任激励是事业激励体系的第三个层面，当员工有了自己喜欢的工作，同时也有机会参与公司重大决策，接下来就是对自己负责的工作要有责任心，对自己的工作结果要有责任感，这就是责任激励。

从表面上看，工作是为了帮助企业解决问题，但工作的本质其实是一种责任，是对事业、对组织、对企业、对目标的一种承诺，为了提升员工对工作的责任感，美国学者约翰·米勒在《问题背后的问题》一书中提出了几条经典的个人责任提升原则：

①个人责任不是通过改变他人，而是通过改变自己力求解决问题。

②个人责任不是抱怨团队，而是要充分认识个人的力量。

③个人责任就是要适应变化，不断完善自我。

④个人责任就是利用现有的资源和工具实现组织目标。

⑤个人责任就是要做出具有积极作用的选择。

⑥个人责任就是要不断自问"我还能做什么？""我已经做得够好了吗？""哪些地方还能做得更好？"……

总之，培养员工良好的责任感是帮助其快速实现个人事业追求的最佳途径，也会让员工体会到工作带来的乐趣。

4. 事业激励：把公司当成自己的事业

前文提到的工作激励、参与激励和责任激励主要立足于员工本质工作，旨在让员工把自己的工作当成终生追求的事业来做，事业激励体系的最高境界要求员工将目光放得更高、看得更远，将公司当成自己的事业做，共享公司发展带来的成就感与财富。

从企业的角度，企业可以让员工发展成为事业合伙人、事业伙伴，让员工享受股权、期股、期权等，这是事业激励的最高境界。

三、事业激励体系管理

事业激励体系是最高层次的成长激励，一方面，对员工的影响长远而且巨大，另一方面，实施事业激励体系对企业的稳健、可持续发展也是意义深远，为了确保事业激励体系发挥应有的价值，我们从员工、企业两个维度阐述需要注意的事项。

1. 员工维度

为了正确认识事业的重要性，并通过自己的坚持和努力实现自己的事业追求，员工必须培养自己的五种心态，即感恩的心态、积极的心态、游戏的心态、共赢的心态和创业的心态（见图 7-2）。

（1）感恩的心态。稻盛和夫在他的六项精进中提到：活着，就要感谢。活着，就已经是幸福，"感谢之心"像地下水一样，滋润着每个人道德观的根基。星云大师说过：感恩的人才懂得付出，感恩的人才明白富贵。打篮球要感恩对手，如果没有他们，球赛就无法进行；台风肆虐过后，要感恩它带来大雨，如果没有台风带来的雨水，我们就无法生活。

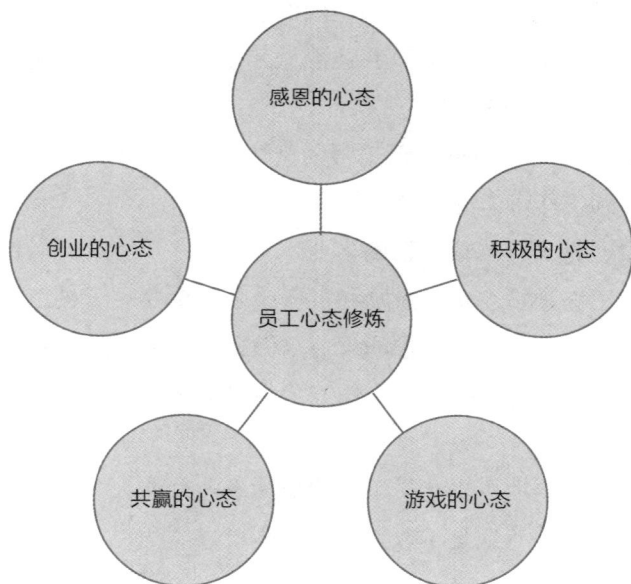

图7-2　员工心态修炼

是的，只要是有志于成就一番事业的人，都应该学会感恩，感恩公司给自己提供了平台、感恩父母给了生命、感恩客户给我们创造价值的机会、感恩竞争对手让我们有动力前行、感恩领导给我们每一次证明自己价值的机会……总之，正是因为有了这份感恩之心，才会让我们在自己的专业领域更加投入。

感恩的心态会让你更职业化。感恩之心的另外一种表现就是不抱怨，针对职责范围内的每一件事情都能快乐地去做，而且每件事情都会尽力做到完美，这会让人更加职业化。

感恩的心态会让你更容易满足。懂得感恩的人始终会被爱包围着，这会令人更加容易满足，因为你在感恩客户的时候客户就会给你更多订单，你在感恩上司的时候上司会给你更多发展机遇，你在感恩下属的时候下属就会用加倍的努力回馈你，你在感恩公司的时候公司会给你更大的发展平台。

（2）积极的心态。积极的人像太阳，照到哪里哪里亮；消极的人像月亮，初

一、十五不一样。有事业心的人不论是顺境，还是逆境，不论是成功，还是失败，永葆一颗积极的心。

积极的心态会让阻力变动力。如果在前进的道路上遇到了一座貌似不可逾越的大山，你会怎样？面对这样的问题估计有些人则会在第一时间想到放弃，有些人会想到能不能绕着走，有些人则会尝试着去攀爬，还有些人会义无反顾地想办法翻越这座大山，除了最后一种人，前面其他几种人的做法都是不可取的，大家一定要明白在一个人成长的过程中或一家企业经营的过程中总会遇到这样或那样的问题，面对问题千万不要被问题打趴下，而是直面问题，使阻力变成自己前行的动力才是最重要的。

积极的心态会让绝望变成希望。古代有个国王，每次处决死刑犯的时候，国王都会给犯人两个选择，其一是直接送上断头台，刀起头落；其二是把犯人扔到一条"悠长、黑暗"的隧道，据说隧道中经常有毒蛇猛兽出没，犯人的下场可能会很凄惨，但也可能有机会走出隧道，如果犯人安全走出隧道，则罪责一笔勾销。大家想想最终的结果会是什么？最终的结果是绝大多数罪犯都选择了前者，只有极少数的罪犯选择后者。因为很多人会想着"刀起头落"的这种结局是可知的，而被扔到隧道中的结果是未知的。这两种选择背后是消极心态与积极心态的博弈，消极的人会选择前者，而积极的人则会选择后者。

积极的心态可能会让坏事情变好事情。大家都知道塞翁失马的故事：近塞上之人有善术者，马无故亡而入胡。人皆吊之，其父曰："此何遽不为福乎？"居数月，其马将胡骏马而归。人皆贺之，其父曰："此何遽不能为祸乎？"家富良马，其子好骑，堕而折其髀。人皆吊之，其父曰："此何遽不为福乎？"居一年，胡人大入塞，丁壮者引弦而战。近塞之人，死者十九。此独以跛之故，父子相保。故福之为祸，祸之为福，化不可极深不可测也。塞翁失马的故事告诉我们，祸兮福所倚，福兮祸所伏。正如塞翁那样，始终用积极地心态去看待祸，就能将坏事情变成好事情。

（3）游戏的心态。不知道大家注意到没有，随着智能手机的普及以及手机应用程序越来越多，我们每天花在手机上的时间也越来越多。我们每个人都忙着刷微信、刷微博、刷抖音、刷快手，可以说"两微一抖一快"已经成了很多人生活的重要组成部分，我们在吃饭的时候看手机、朋友聚餐的时候看手机、领导开会的时候看手机、工作间隙看手机，甚至上厕所也在看手机，为什么会这样呢？难道每个人都是在手机上忙自己的本职工作吗？实则不然，我们发现每个人花在手机上的绝大多数时间与工作无关，大家试想一下如果我们每个人都把看手机的那种劲头全部用在工作上会怎样？我想每个人的工作效率都会大幅度提升，这就是游戏心态的威力所在。

游戏的心态让你更投入。在工作中我们经常会要求员工以主人翁心态对待工作，强调员工要以饱满的热情及忘我的工作状态投入工作，但这些往往只是停留在领导的口中。如何才能让员工工作更投入，培养员工的游戏心态不失为一种好方法。

游戏的心态让你更平和。大家在实际生活中玩游戏的时候，绝对不会因为某一关没过去而垂头丧气、怨天尤人，也很少放弃，在每一次失败之后总会想着下一次会更好。

游戏的心态让你输得起。游戏心态最大的好处就是让玩游戏的人输得起，在每次失败之后继续奋战，试想一下，如果每位员工对待工作的时候都能有这种锲而不舍的精神会怎样？

（4）共赢的心态。共赢心态让每位员工都能与企业及各利益相关者共同创造更大价值，并在此基础上让各个利益相关者都能获益。

共赢的心态让你永远以团队利益为准。共赢心态要求员工一定要站在团队整体利益的角度开展自己的工作，并且时刻牢记"大河有水小河满"的道理，团队各利益相关方首先要为团队利益最大化贡献力量，在确保团队利益最大化的前提之下按照价值贡献进行利益分配。

共赢的心态注重团队合作。正因为各利益相关方首先要确保团队利益最大化，因此团队成员之间必须注重合作。

共赢的心态让你乐于奉献。只有懂得乐于奉献的 A 级选手才能真正做到与团队共同创造价值、共同获得利益、共同健康发展、共同茁壮成长。

（5）创业的心态。我们经常看到很多刚刚开始创业的人，每天起早贪黑、没日没夜地辛勤工作，甚至吃住都在公司，只是为了实现自己心目中的梦想。就连像任正非这些早已功成名就的企业家，也是每天独自在机场等出租车、与员工一起就餐、搭最早或者最晚的航班、一天周转几个城市、全年无休……不论是刚创业的，还是功成名就的这些企业家，在一般人眼里觉得他们很辛苦，但如果有机会与他们接触、甚至一起工作，你就会觉得他们根本就不觉得苦，也不觉得累，他们很享受这样的过程和工作节奏，也许这就是创业心态使然吧！

创业的心态会让你更快地脱颖而出。创业的心态会让你总是比别人更具前瞻性，正如前文猎狗与兔子的故事中提到的兔子一样，为了活命它必须要比猎狗跑得更快，即便面前是万丈深渊兔子也只能义无反顾，正因为如此，最终的结果就是兔子成功脱险，而猎狗两手空空。企业里面也是一样的，那些具有创业心态的员工为了实现企业目标，义无反顾，很快就会从团队中脱颖而出。

创业的心态会让你获得更多的赏识。创业的心态会让你总是比别人更具大局观，总能站在企业、团队的立场上去思考问题，具有大局观的人总会以"这是我的事""这是我的责任""只要是公司的事，都是我的事"等这样的心态去思考问题和承担责任。大局观会让一个人跳出自己的思维模式和圈子，从全局来审视自己工作，这样的一定会得到更多人的认可和赏识。与此相反，缺乏大局观的人总是以"这不是我的事情""这不是我的原因造成的""这事不归我管"等这样的说辞推脱自己的责任。就如前文提到的牧羊犬小白一样，不管牧羊人在不在现场，抑或小黑在不在干活，这都不重要，因为小白清楚：看管好羊群才是自己的本职工作！

创业的心态会让你更快乐。创业的心态会让你更懂得付出，更懂得享受付出的过程。正如在地里干活的农民，今天的劳作与付出谁也不能保证一定就有收获，但不管有没有收获或者收获大与小，农民都会以快乐的心态去耕耘自己的那块田地。

2. 企业维度

从企业的角度，为了让事业激励发挥更大的价值，企业也需要做好以下两点：

（1）把公司做成"平台"。过去大家会认为公司是股东的，员工在公司只是做一份工作，赚一份工资而已，在这种思想的引导下，员工就不可能对公司有很高的忠诚度，也不会把企业的事情当成自己的事业那样去做。把公司做成"平台"的意思是要彻底改变员工过去这种认知，要让员工从"这不关我的事，这是公司的事"到"这是我的事，因为我是公司的一部分"的观念转变，要让每一位员工明白企业的事业就是大家共同的事业，企业事业的实现需要全体员工一起努力，当然，企业事业目标实现的时候，每位员工的事业目标也就自然而然地实现了。

（2）把员工当成"伙伴"。传统企业大多把企业与员工的关系简单地看作是雇佣关系，这就造就了员工常见的打工心态，这对企业、对员工都是没有任何好处的。正确的做法是从企业开始不要把员工看作是"打工仔"，而要把员工当成亲密的"事业伙伴"，不论是对员工的尊重，还是对员工激励体系的设计，都要体现这一理念，也只有这样才能让员工把企业的事业当成是自己的事业，也只有这样的事业激励才会发挥巨大的激励潜力。

第四部分

PART FORE

精神激励篇

企业的愿景可以集中企业资源、统一企业意志、振奋企业精神，从而指引、激励员工取得出色的业绩。战略制定者的任务就在于认定和表明企业的愿景。

——约翰·基恩

目标不是命令，而是一种责任或承诺。目标并不决定未来，只是一种调动企业资源和能量以创造未来的手段。

——彼得·德鲁克

员工满意度提高 3 个百分点，可以使企业员工流失率降低 5%，运作成本降低 10%，劳动生产率提高 25% ～ 65%。

——《哈佛商业评论》

一定要找到高自我激励的人。因为高自我激励的人，比较容易取得成就。或者营造一个自我激励的管理氛围，如果能营造这样的管理氛围，就不用担心他们的成就了。

——陈春花

人的行为是由动机引起的，动机会引导行为指向一定的目标，这种基于目标的动机是行为的诱因，是行动的内驱力，对员工起着强烈的激励作用。

——本书作者

第八章

愿景激励

一、给员工一个美好的梦

二、愿景激励体系设计

三、愿景激励管理

一、给员工一个美好的梦

曾经到过拉萨或者青海湖旅游的人可能见过这样的场面：衣衫褴褛的信徒，渴饮雪水，饥食干粮，夜宿路边，一步一个长头，向着自己心目中的圣山、圣湖虔诚地叩拜。途中没人监督，没人激励，不需要做思想工作，更不需要发工资和奖金，只有风雨相伴，但他们没有丝毫怨言，更没有对别人的期望，没有等待，只有前进！

这估计是愿景激励的最高境界了，作为管理者，大家试想一下如果公司内部的每一位员工对待工作都如朝圣者一样，那企业的经营目标何愁不能实现呢？

1. 什么是愿景激励

愿景激励是通过选择有代表性的员工或者全体员工共同参与构想企业未来的发展方向、愿景以及大家共同遵守的道德准则、价值理念，将企业的愿景、价值理念与员工个人的愿景、行为高度统一，成为员工的信仰，使企业的发展方向、愿景更加明确，员工归属感更强的一种员工激励方法。

威斯敏斯特大学教授约翰·基恩认为：企业愿景可以集中企业资源、统一企业意志、振奋企业精神，从而指引、激励员工取得出色的经营业绩，战略制订者的任务就在于认定和表明企业的愿景。

美国企业战略管理专家弗雷德·R.戴维教授认为，愿景的确定，有以下作用：

（1）保证企业经营目的的一致性。愿景是企业对未来的憧憬，很多企业在缺乏清晰愿景描述的情况下，很容易导致发展方向迷失。

（2）为企业配置资源提供基础或依据。企业一切资源的配置都来自于自身发展方向和战略选择，诸如小米手机投入两、三千人的研发团队正是源于其对手机核心技术的苛求，同样京东斥巨资打造完善的电商物流也是源于京东"让生活变得简单快乐"的使命和"成为全球最值得信赖的企业"的愿景定位，以及"多快好省"的经营理念。

（3）建立统一的企业文化氛围和工作环境。企业愿景为全体员工树立了职业追求的终极目标，同时，愿景还有助于在公司内部形成统一的价值理念和文化氛围，让员工把企业当成自己的家。

（4）通过集中地表达，使员工认识企业目标和发展方向，防止他们在不明白企业目标和方向的情况下参与企业活动。企业经营最大的内耗在于员工不清楚公司的目标，不清楚部门的目标和自己的目标，各自使力的方向不一致，因而造成极大地浪费，愿景可以很好地帮助企业规避这一困惑。

根据马斯洛需求层次理论，自我实现的需求是一个人最高级别的需求，每个人都期望能够充分地发挥自己的潜力，竭尽所能，使自己趋于完美，员工在企业中能够最大化发挥自己价值的事情莫过于参与制订并与企业一道沿着发展方向一步一个脚印实现愿景。

有人曾经说过，人的一生就是一个做梦、逐梦、筑梦、圆梦的过程，经营企业何尝不是如此，企业通过不断造梦、追梦和圆梦，让自己从小到大、从优秀到卓越。如果员工能够全程参与其中，那对员工的激励作用是不言而喻的，这种激励的效果可能会比给员工涨工资、发奖金，抑或股权激励等物质激励效果更明显，让员工更有成就感。

2. 成功的管理都是造梦高手

在本人的拙作《学管理 用管理 会管理》（中国经济出版社，2016 年版）中曾经提到，管理者必备的管理意识包括团队建立、树立团队愿景、明确团队目标、营造团队氛围、以身作则。其中，树立团队愿景既是管理者的核心工作，也是管理者激励员工的重要工具和方法。

阿里巴巴提出的"旨在构建未来的商业基础设施。让客户相会、工作和生活在阿里巴巴，并持续发展最少 102 年"的企业愿景，激励着千千万万的阿里人前赴后继，最终在短短 20 年的时间里创造出了阿里帝国。

在华为早期"丰富人们的沟通和生活"到最新定义的"把数字世界带入每个人、每个家庭、每个组织，构建万物互联的智能世界"的愿景激励下，华为实现 2019 年营业收入超过 8000 亿元，创造了中国企业快速发展的奇迹。任正非曾经说过：随着 CPU 的发明和网络、管理软件应用的兴起，由于制造可以被剥离出来，销售与服务可以贴近市场，它们之间的关联可以通过网络来进行，经济的全球化不可避免。华为通过自己的存在，来丰富人们的沟通、生活与经济发展。华为轮值董事长徐直军这么说：我们的世界正在快速变化，而且这些变化已经深刻影响到每一个人、每一个家庭和每一个组织，给他们带来了创新的体验和效率的提升，以及学习、生活和工作等各个方面的便利。他还说：华为作为一家有追求、有理想的公司，作为一家希望成为伟大公司的公司，我们立志为整个人类的发展作出贡献。我想听了徐直军的这番话，每个华为人都会豪情万丈，能够参与这样一件伟大的事业对每个华为人都是莫大的激励。

是的，不论是马云，还是任正非，这些伟大的企业家都是"造梦"的高手，他们给员工描绘了一个伟大而又充满时代感与挑战的企业愿景梦想，正是这些梦想团结了一大批与企业有共同梦想的人在一起奋斗。

大家一定听过三个砌墙人的故事。有人问三个砌墙的泥瓦匠他们在做什么，其中一个泥瓦匠的答案是他在砌墙，为了养家糊口，他才来干这种又脏又累的活；第二个人的回答是他在建设一座高楼；第三个人的回答说他在建造一座美轮美奂、绝无仅有的教堂。三个泥瓦匠不同的回答背后反映出他们各自的心态，10年时间过去了，第一个人仍然在砌墙，第二个人成为一名工程师，而第三个人成为前两个人的老板。

不论是阿里，还是华为，抑或是更多与阿里、华为同时代起家的企业，都会存在许许多多"泥瓦匠"，他们日复一日地干着软件开发、结构设计、硬件开发、底层架构设计、品质检测、客户开发与市场开拓等同样的工作，但二十多年过去了，阿里成功了、华为成功了，但还有更多的企业止步不前，甚至销声匿迹了，为什么？因为阿里、华为里这些伟大企业的"泥瓦匠们"把每天的工作看作是在"建造一座美轮美奂、绝无仅有的教堂"，而止步不前，甚至销声匿迹的企业中的"泥瓦匠们"把每天的工作看作"为了养家糊口，他才来干这种又脏又累的活"。由此可见，建立伟大愿景，并通过愿景来激励员工是何等的重要。

3. 把梦变成共同的梦

在本人的拙作《年度经营计划制订与管理》中提到：一家企业想要走得稳、走得久，必须先要解决如何将企业的梦想（愿景）与员工的梦想尽可能保持一致的问题，让每位员工想企业所想、急企业所急，这就是我们通常讲的统一"三观"（世界观、人生观、价值观），也就是本书所说的愿景激励。

在企业内部，员工的梦想与企业梦想（愿景）之间的关系大致可以分为4种情况（见图8-1）：

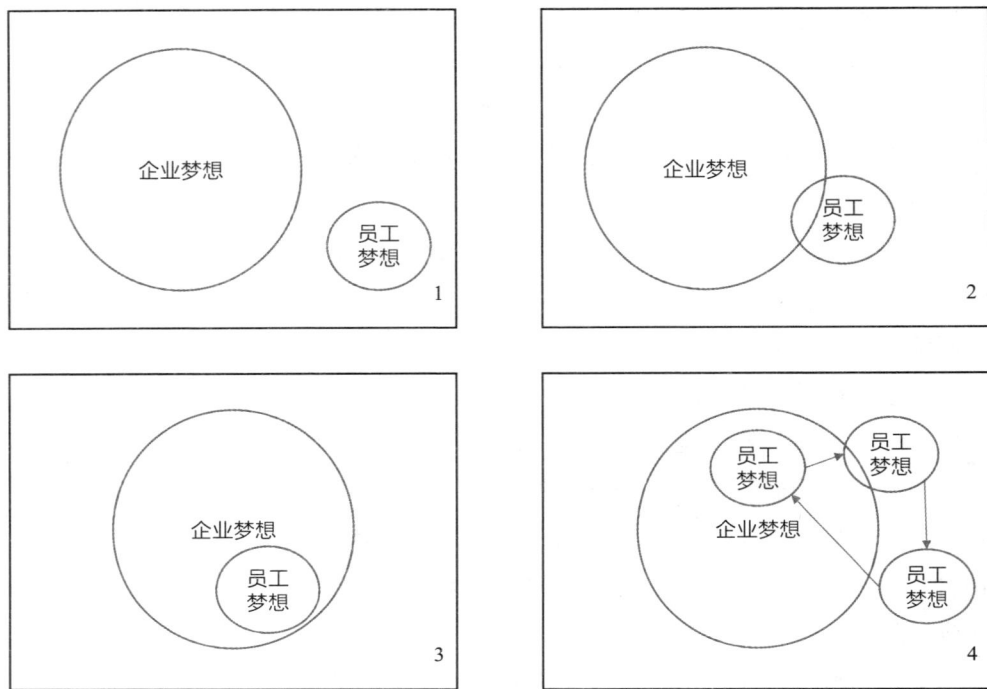

图8-1 企业梦想与员工梦想的关系

第一种情况，员工的梦想与企业的梦想（愿景）毫无交集。这种情况是典型的"同床异梦"，虽然员工在企业上班，领着企业发的工资，耗着企业的资源，穿着企业的工服，戴着企业的工牌，但员工个人所想的与企业想要的格格不入，这种情况对企业而言是最可悲的。

第二种情况，员工的梦想与企业的梦想（愿景）有一定的交集度。这种交集度可能只有 10%、20% 或者 50%，也可能有 90%，不同交集度的背后是企业梦想与员工梦想存在一定的趋同性，当然也存在一定的差异，一般情况下企业大多数员工都属于此种情况，关键就在于如何使交集度只有 10% 或者 20% 的员工扩大其交集度，达到 60%、70% 甚至 80% 以上。

第三种情况，员工的梦想与企业的梦想（愿景）完全一致。员工认为自己人生目标的实现完全依附于企业梦想实现的基础之上，这种员工在企业毕竟只有少数，但往往这些少数的员工在企业经营过程中起着举足轻重的作用。

第四种情况，员工的梦想与企业的梦想（愿景）有时候一致，有时候有一定的交集，有时候完全没有交集，始终处于游离的状态。比如员工认为对自己有好处的时候他会靠近企业的梦想，一旦发现对自身不利的时候，员工又马上与企业撇清关系。根据我们的研究，企业内部这种员工的比例往往还不低，这些员工对企业的危害度也是最大的，企业需要擦亮眼睛，慎之又慎。

除了上面第三种情况之外，我们认为其他三种情况都是存在问题的，想要经营好企业，首先就是要解决员工梦想与企业梦想（愿景）保持高度一致的问题。

那么如何才能做到呢？我们认为企业必须要解决好"两个认同"的问题，即让员工认同企业的愿景及价值理念、让员工认同企业的发展目标。而且"两个认同"必须同时具备才能真正做到统一梦想。试想一下，如果员工只是简单地认同企业的愿景及价值理念，而不认同企业的发展目标，这种员工很有可能会变成盲从；而如果员工只认同企业的发展目标，而不认同企业的愿景及价值理念，我们认为这种认同一定是短暂的，而且是相对的，相对于低目标他可能认同，但相对于有挑战性的目标，他可能就不认同了。

（1）愿景及价值理念包括企业未来发展蓝图、企业存在的价值、企业基本法、核心价值观、发展战略及经营理念、市场营销与客户服务理念、产品研发理念、集成供应链理念、财务管理理念、人力资本管理理念、组织与流程理念、创新与变革理念等。本章我们将重点解决员工如何认同企业愿景及价值理念的问题。

（2）发展目标包括战略目标、业务战略、职能战略、核心能力规划以及年度经营环境分析、年度竞争态势分析、年度竞争策略规划、年度战略地图、年度BSC及目标分解、年度业务计划、年度经营预算、年度经营计划实施平台、年度经营计划实施评价与衡量等。

4. 愿景激励价值体现

愿景是对企业未来的发展方向和目标的构想，是对未来的展望、憧憬，是指企业长期的发展方向、目标、自我设定的社会责任和义务，明确界定了公司在未来的样子。

愿景就是企业的梦想，愿景是企业所有人共同的梦想，愿景是企业组织前进的路标，它可以用来与员工、投资者、客户及其他人沟通公司所热切希望达成的目标，它还可以凝聚企业的所有利益相关者与企业一起奋斗。

愿景激励的价值体现主要集中在两个方面：

其一，明确企业努力方向。伟大的愿景会非常清晰地指明企业正在走的这条道路的具体方向，减少大家在前行过程中因为方向不明而造成的误解、内耗。

其二，汇聚有相同梦想的人同行。真正的企业愿景可以让员工自动自发为实现某种他们所关注的事业、任务和使命团结在一起，正如一位管理学家所说的那样——伟大的愿景一旦出现，大家会舍弃琐碎之事。在奔向共同梦想的道路上，员工会拥有任重而道远的使命感，并且让他们由衷地感到自豪。

5.愿景激励原则

愿景激励是精神激励中最重要的方法之一，愿景激励需要遵循以下基本原则（见图8-2）。

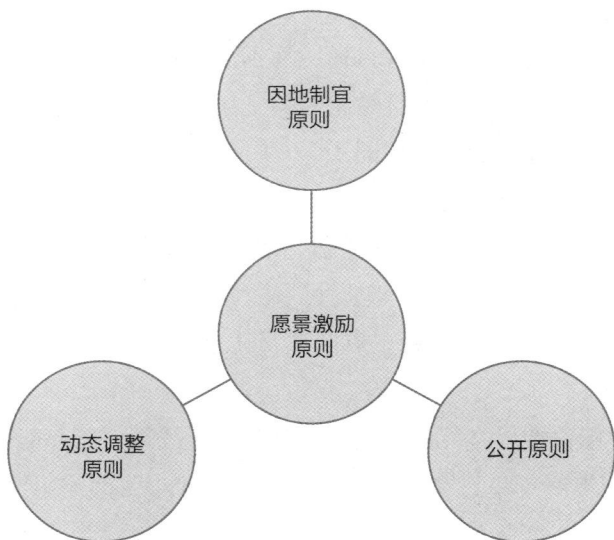

图8-2　愿景激励员工

（1）因地制宜原则。愿景激励的因地制宜原则体现在两个方面：其一，企业在确定愿景的时候一定要与整体战略方向保持一致；其二，愿景一定要与企业的发展阶段保持一致。否则就很容易让员工觉得愿景是一个虚无缥缈的东西，这样对员工就不会有任何激励作用，需要明确的是企业愿景并不是随意堆积起来的空中楼阁，它虽然看似高远，但却是真切的、可触摸的、可感知的、可预见的、经得起推敲的，它是全体员工努力可以实现的。其中最重要的是，企业愿景包含每位员工的个人愿望，是属于全体员工的，当员工知道自己在实现企业愿景的同时也是在实现个人愿望时，才会充分感受到个人的工作价值。

（2）公开原则。前文在对愿景激励进行定义的时候就已经提到，企业在确定愿景的时候要选取有代表性的员工，最好是全体员工共同参与，让员工觉得这个愿景不是企业一厢情愿的，而是大家共同确定的，比较好的做法就是组织企业内部进行大讨论，先民主后集中。另外，一旦企业的愿景确定后还需要企业在新员工入职教育、企业年会、企业内刊、企业官网、微信、微博等各种媒介及公共场合不厌其烦地进行宣导，让企业愿景深入人心，扎根于每一位员工的实际工作，并要求员工要按照愿景要求开展工作。

（3）动态调整原则。企业的愿景不是一成不变的，企业可以根据自己的发展阶段和战略选择，适时对愿景进行优化和调整也是必需的，就如华为从"丰富人们的沟通和生活"到"把数字世界带入每个人、每个家庭、每个组织，构建万物互联的智能世界"。

二、愿景激励体系设计

企业愿景怎样才能正确产生呢？这并不是每个企业都清楚的问题。试想，如果不先看看拼图盒上的完整图案，如何将 1000 片的拼图拼起来？不先看图案要把 1000 片拼图拼起来实在太困难了。不过这却是许多管理人员从事重大决策及发展战略规划时的真实状况。他们尝试将拼图拼起来，却不知道应该把图拼成什么样子。根据我们的经验，愿景激励体系设计包括企业愿景描绘、使命定义、核心价值理念及员工行为准则规范等工作，企业可以采用愿景工作坊的方式集众人的智慧，为企业描绘大家高度认同的美好蓝图。愿景激励体系设计核心工作见图 8-3。

1. 成立愿景工作小组

选择有代表性的企业员工或全体员工共同参与企业发展方向、愿景以及大家共同遵守的道德准则、价值理念的研讨。参与研讨的人员越多效果越好，而且大家也会为了实现愿景而许下更多的承诺。根据我们的经验，愿景工作小组可以分为领导小组、工作小组两部分，领导小组负责组织和领导，以及工作成果的最终确认，而工作小组则具体负责组织企业发展方向、愿景以及大家共同遵守的道德准则、价值理念的研讨工作。

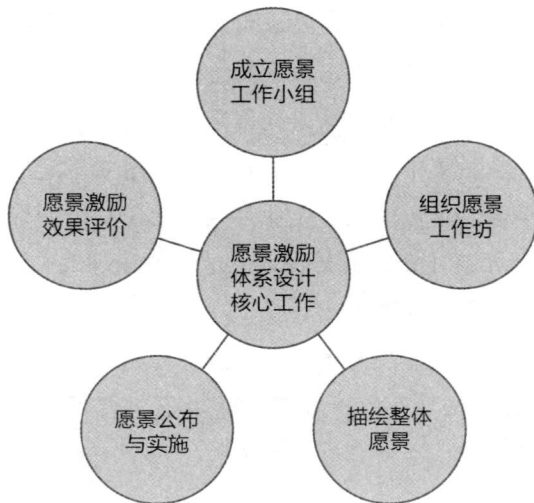

图8-3　愿景激励体系设计核心工作

2. 组织愿景工作坊

愿景工作坊可以分系统组织，也可以组织全体员工一起召开，这有别于以往由企业高层领导直接确定的做法，这样可以让员工将公司视为实现自我价值的载体，而不简单地认为自己仅仅是企业这台精密机器中的一个零部件。也就是说，只有员工把自己视作实现企业愿景不可或缺的部分时，他才会全力以赴地为企业愿景实现贡献智慧。

由此可见，要想打造出能够激发员工潜力的共同愿景，各级管理者就得持续有效地鼓励团队成员充分表达自己的核心诉求、人生目标及追求，并积极引导大家共同研讨，找出共同之处，把每位员工的人生追求作为企业愿景的基础。

具体的做法是：

（1）让每位参与员工写下自己的人生追求与抱负。交给每个人一叠便条纸，让每个人针对下列问题写出尽可能多的答案。为了顺利进入下一环节，要求他们用一张粘贴式便条纸填写一个问题的答案。

①5年后的我是什么样子？10年后的我是什么样子？20年后的我是什么样子？

②我最喜欢的工作是什么？

③我工作中的原动力是什么？过去是什么？现在是什么？未来是什么？

④我个人最喜欢的名人名言是什么？我最推崇的名人是谁？

⑤ 我的座右铭是什么？我的人生信条是什么？

⑥ 为了实现自己的人生理想，我愿意付出多大的代价？

⑦ 我将以什么样的方式去实现自己的人生理想？

⑧ 我喜欢的工作场景是什么样子的？我喜欢跟什么样的人在一起共事？

（2）让每位参与员工写下自己心目中企业的抱负。同样给每个人一张便条纸，让每个人针对下列问题写出尽可能多的答案。

① 5 年后你的心目中公司是什么样子的？10 年后的公司是什么样子？20 年后的公司是什么样子？

② 公司将在哪个行业发展？将以多快的速度前行？将以什么样的方式前行？

③ 10 年之后，公司的市场地位将如何？客户对我们的评价将如何？竞争者对我们的评价将如何？你对公司的评价将如何？

④ 公司将为谁提供服务？公司将为客户提供什么样的服务？

（3）让每位参与员工写下需要共同遵守的价值规范和行为标准。

① 公司存在的价值有哪些？对股东有何价值？对客户有何价值？对员工有何价值？对社会有何价值？

② 公司需要营造什么样的工作氛围？

③ 员工之间将如何相处？我们将如何服务客户？我们将如何引导我们的事业？我们将采用什么样的组织结构，使相互间能相互配合？我们将如何处理与社区的关系？

④ 为了成就心目中理想的公司，我们需要坚守哪些道德底线？我们需要秉承哪些价值规范？

⑤ 我们鼓励什么？我们反对什么？我们需要建立怎样的行为标准？哪些行为标准是我们的"高压线"？

（4）在相互尊重的基础上进行双向沟通。根据我们的经验，按照前面每位员工各自写的内容，少则可能会有三五十条，多则可能达到上百条或者数百条，由于员工各自所站的角度不同、受教育背景不同、职业化程度有差异，所表达出来的观点差别会比较大，要想从其中找出一些共同的东西确实不是一件容易的事情，这时候就需要通过双向沟通的方式进行筛选。

首先把大家的答案按照问题归属粘贴在一起，然后要求每位员工充分表达自己的想法，同时让每个人也聆听别人的想法和建议，大家在聆听他人想法的同时不断完善和修正自己的观点，进而提出更新、更全面的观点，如此往复 2 ~ 3 个循环，便可以归纳出绝大多数人的意见。

3. 描绘整体愿景

描绘整体愿景的过程就如一群人共同拼接一幅图画，而且这幅图画是没有原稿可以参考的。整个过程是先由每位员工各自描绘自己的拼图，然后自下而上征集与修正，再结合企业愿景领导小组的意见，不断提炼和充实，最终描绘出一张完整的图像。这张完整的图像由企业发展方向、企业愿景、使命、核心价值理念、员工行为规范、行为高压线等组成，在这张图中，全体员工在分享共同愿景时，每个人都有自己的一个完整的企业愿景，对于每位员工来讲这才是真正企业的愿景，也是"我们的愿景"或"我的愿景"。

【案例 8-1】精彩科技愿景蓝图（见图 8-4）

精彩科技是深圳一家业务定位于物联网与智能交通系统领域，专注于专用短程通信、射频识别、智能卡读写机具及嵌入式 POS 终端平台核心技术研究、开发、设备制造与解决方案服务的国家级高新技术企业。

下面是该企业的愿景蓝图：

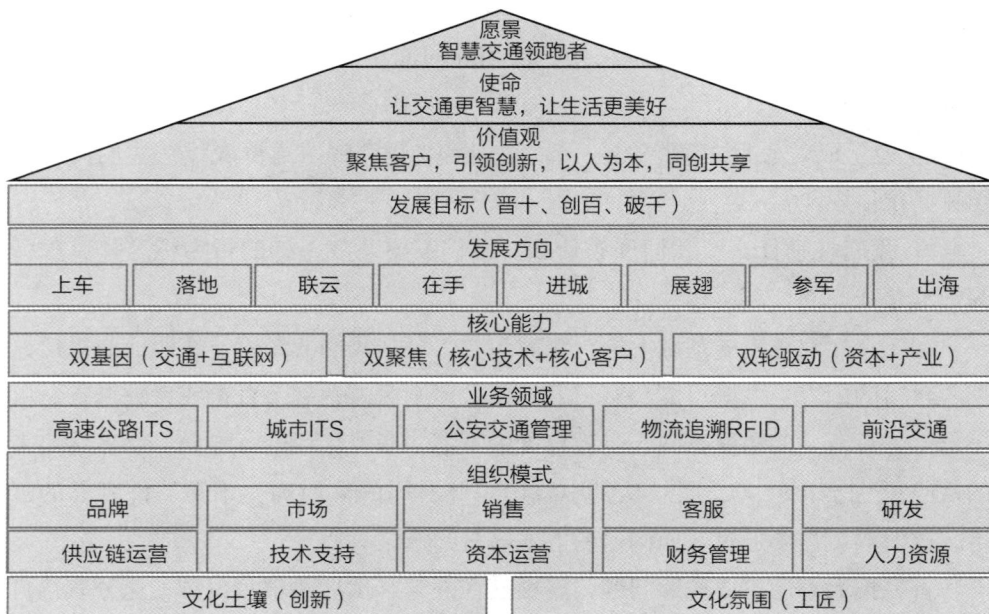

图8-4　精彩科技愿景（示意）

【案例 8-2】浙江信睿科技愿景蓝图规划

受浙江信睿科技的委托，我们组织该企业核心员工全面规划和描绘了愿景蓝图。

1. 浙江信睿科技核心业务规划（见图 8-5）

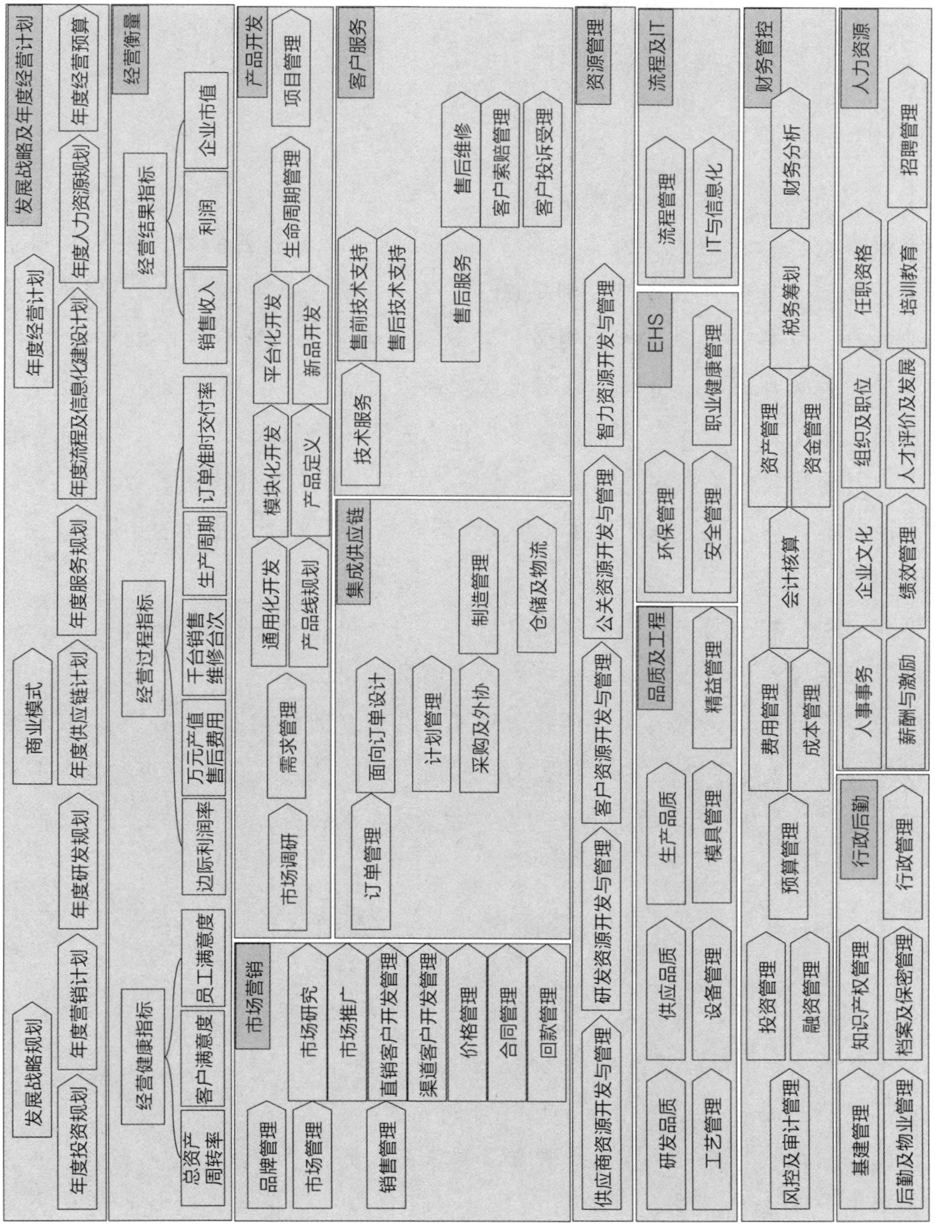

图8-5　浙江信睿科技业务蓝图（示意）

2.浙江信睿科技愿景规划展示

（1）浙江信睿科技愿景：持续改善生活品质。

（2）浙江信睿科技核心价值：

①浙江信睿科技客户理念：无忧、共赢、可持续。

②浙江信睿科技员工理念：有爱、精进、同成长。

③浙江信睿科技企业理念：智造、实干、创价值。

④浙江信睿科技社会理念：先进、和谐、中国梦。

（3）浙江信睿科技员工道德规范：

①忠诚：忠诚事业，感恩图报。

忠诚事业：做企业人，做企业事，说企业话；有利企业的事多做，有损企业的事不做。不管做什么事情，都要以"是否损害企业的利益和形象""是否促进企业的事业发展"两个标准来衡量；当遇到损害企业的利益和形象的行为时，要毫不犹豫地挺身而出，坚决予以制止或立刻上报公司领导。

感恩图报：对给予我们工作机会，提供成长环境的股东、公司和客户常怀感恩之心，对给予我们关怀友爱的家人、上司、同事、朋友常怀感恩之心。对公司、社会、国家不遗余力地贡献自己的能力，对需要我们帮助的人主动伸出援助之手。

②遵纪：遵纪守法，令行禁止。

遵纪守法：在公司内遵守各种规章制度，主动承担义务，履行职责。在社会上遵守各项法律法规，做一个知法守法的文明员工。

令行禁止：严格执行公司各项管理制度，在制度面前人人平等，不得以权谋私、以情徇私、敷衍了事；坚决服从工作安排，公司、领导下达的指令和任务要不折不扣地执行，严禁各行其是，设置壁垒和推脱责任的行为，确保各项工作畅通。

③诚信：实事求是，信守承诺。

实事求是：正确评价自身的优势和缺点，客观看待和评价别人的工作和贡献；无论是工作汇报还是考评，都要客观公正，既不掩饰自己的成绩，更不能抢别人的功劳；利益分配中，需要自己参与评价时，对他人能进行公开的客观评判；对于工作中的不足和困难，应实事求是地告知相关人员，杜绝欺上瞒下、文过饰非。

信守承诺：信守自己的承诺，已签订的《劳动合同》《保密协议》以及与客户签订的合同协议等都应承担法律责任，要说到做到，坚决反对说一套做一套的行为；对自己所做的承诺，要全力以赴地保证实现，如遇到无法抗拒的外力因素，要第一时间给予解释和反馈；对于客户提出的无法实现的要求，要认真分析，要谨慎承诺。

④友善：与人为善，宽容待人。

与人为善：常怀善念，多行善事。与家人为善，恪尽孝道，教养后代，珍惜亲情；与友邻为善，和睦互助，守护相望，救难解急；与社会为善，同情弱者，扶贫济困，热心公益。

宽容待人：多把别人往好处想，不要把别人往坏处想；多给别人一些赞美，少在别人背后搬弄是非；多问问别人有什么困难、有什么需求，多一些友好的微笑，待人以宽标准、宽视野、宽气量；失理要赔礼，得理要让人。

（4）浙江信睿科技员工行为标准。

①勤奋：爱岗敬业，锐意进取。

爱岗敬业：做好本职工作既是对自己负责，也是对公司负责。要热爱自己的岗位，熟悉岗位职责和工作流程，不断丰富专业知识，提高业务技能，以高度责任心兢兢业业做好本职工作。同时，全身心地投入工作，不得有参与未经公司批准的兼职行为。

锐意进取：时刻保持旺盛精力，对于确定的目标，要想方设法、坚持不懈地予以实现；不能满足于现有的工作成绩，要在工作中不断总结和提高自己的目标，百折不挠地予以推动和落实，不达目标绝不放弃。

②认真：严格做事，精益求精。

严格做事：做事要严格认真，在工作中事无大小都必须竭心尽力，一丝不苟地完成；严格律己，严格律人，严格工艺流程，严格奖罚措施。

精益求精：任何工作都有提高和改善的空间，要在工作中刻苦钻研业务，不断总结经验，努力提高业务技能和工作效率，力求使每项工作做到尽善尽美。

③高效：日事日清，敏捷高效。

日事日清：养成制定工作计划的良好习惯，坚持按5S规范做好现场管理，每天的工作目标和工作任务都要按计划当天完成，对每天完成的工作进行总结，合理安排次日的工作。

敏捷高效：供应商、经销商、消费者和下道工序都是客户，每个工作岗位都是市场价值链中的一环，因此每位员工都要始终保持敏锐的市场嗅觉，保持高效的工作作风，以最少的时间、资金、材料、能源和人力资源获得最大的产出，满足客户的需求。

④ 创新：善于学习，勇于创新。

善于学习：提倡在工作中学习，在学习中工作。工作的过程就是不断学习的过程，要积极向同事学习、向客户、向同行学习、向国内外先进的企业学习；要努力通过各种途径进行自学，珍惜公司每一次培训和学习的机会，参与公司的合理化建议活动；要学以致用，理论联系实际，把学到的知识和技能充分运用到工作之中。

勇于创新：既要严格执行既有的工作流程，又不能拘泥于条条框框搞教条主义，要尝试新的方法和思路，敢于怀疑与否定，敢于探索新方法、新思路；善于多向思维，不断提出新的创意，并大胆尝试，付诸行动，尽快把创意转化为成果。

（5）浙江信睿科技员工行为高压线。

高压线是企业文化和价值观不能容忍的行为底线，以下是与我们的企业文化和价值观完全背道而驰的行为，一旦触及，将予以劝退、除名或开除，乃至承担法律责任：

① 挪用企业资金或擅自将企业资金借贷给他人。

② 自营或者为他人经营与本企业同类的业务。

③ 利用所在企业的地位和本人职权谋取私利。

④ 擅自对外提供担保，未经授权代表企业对外承诺。

⑤ 从事损害企业利益的活动。

⑥ 从事违法犯罪活动。

⑦ 拉帮结派，传播亚文化。

⑧ 泄露公司商业秘密。

⑨ 侵占公司、客户财物。

4. 愿景公布与实施

美好的愿景是企业持续发展的动力，也为企业全体员工指明了行动方向，因此，愿景一旦确定，就需要通过各种途径及时、准确地传达给每一位员工，并结合每个岗位的实际情况细化成符合每个岗位员工可执行的工作标准，让员工每天自觉不自觉地在实际工作中践行企业愿景。

5. 愿景激励效果评价

另外，企业还需要将愿景实施效果与员工评价结合起来，既要对基于经营目标的 KPI 进行评价，也要对基于愿景的 KBI 进行评价，这样才能培养和造就一批又一批又红又专的企业人才出来。

三、愿景激励管理

伟大的愿景可以充实员工的内心世界，让员工对企业及个人的未来充满憧憬和期望，即便在工作中遇到再大的困难和障碍，员工也会义无反顾地往前冲，因为员工这时候已经将自己的愿景融入企业大愿景之中，如图 8-1 所示的第三种人一样，员工非常清楚企业愿景实现的那一刻就是个人圆梦之时。

为了确保愿景对员工持续的激励作用，企业在实施愿景激励体系的时候需要注意以下几点：

1. 将愿景细化成每位员工的行为准则和工作标准

大家都知道，阿里巴巴是这方面的佼佼者，如果马云每天都给员工讲"要活 102 年""六脉神剑"（客户第一、团队合作、拥抱变化、诚信、激情、专业），估计时间一长员工都会觉得枯燥，但阿里巴巴将这些愿景激励内容细化成每位员工的日常工作标准，同样是"六脉神剑"中对"诚信"的要求，前台文员和保安的不一样、财务会计和销售人员的也不一样，这时候最好的办法就是根据岗位职责进行量体裁衣。

2. 将愿景与绩效评价体系相结合

阿里巴巴对员工的评价从两个维度进行，关键业绩指标（KPI）、关键素质指标（KCI），并根据评价结果分为高、中、低三等。根据评价结果将员工分成 5 类：明星（KPI 得分高、KCI 得分高）、野狗（KPI 得分高，KCI 得分低）、小白兔（KPI 得分低，KCI 得分高）、狗（KPI 得分低、KCI 得分低）、牛（KPI 得分中、KCI 得分中），并将评价结果与员工绩效工资、薪酬调整、职位异动、员工培训挂钩。

3. 愿景宣贯和教育需要常抓不懈

愿景一旦确定，企业就必须利用各种条件、在各种场合、用各种方式对愿景相关内容进行宣贯和教育，并在企业相关管理体系、激励体系建设的过程中处处体现愿景相关内容，让员工每时每刻都能感受到愿景的存在和引导。

第九章

目标激励

一、目标激励的核心

二、目标激励体系设计

三、目标激励体系管理

一、目标激励的核心

目标是企业凝聚力的核心，目标体现了企业全体员工存在的价值和意义，能够在思想层面上对全体员工起到激励作用。实施目标激励，企业首先要将远期目标、中期目标、短期目标清晰定义出来，并加以宣传，使每一位员工都清楚自己在目标实现过程中起到的价值和作用；其次应该要把企业目标、团队目标与员工个人目标有机结合起来，使每位员工都能清楚只有企业目标、团队目标实现了，员工个人的目标才能实现，从而促进员工对团队、对企业产生强烈的感情和责任心，不用监督就能自觉、自发地去主动工作。

彼得·德鲁克曾经说过：企业的使命和任务必须转化为目标，如果一个领域没有目标，这个领域的工作必然被忽视。因此管理者应该通过目标对下级进行管理，当组织最高层管理者确定了组织目标后，必须对其进行有效分解，转变成各个部门以及每个人的分目标，管理者根据分目标的完成情况对下级进行考核、评价和奖惩。

1. 什么是目标激励

所谓目标激励就是设置适当的目标以激发员工的动机，调动员工的工作积极性，员工对目标看得越重，目标对员工的激励性越明显。

正如德鲁克所说：目标不是命令，而是一种责任或承诺。目标并不决定未来，只是一种调动企业资源和能量以创造未来的手段。

不论是员工改善个人生活的需求，还是体现人生价值的需求，个人生活和工作的重要动力就是为实现一定的目标而奋斗，任何一个人都有自己所期望的目标，当有明确的努力方向时，员工能够把自己的行动与目标不断加以对照，清楚地知道自己行进的速度和达到目标的时间，他们会自觉地克服一切困难，努力达到目标。

2. 目标分类

早在 1932 年，松下幸之助在向企业员工演讲使命感的时候，曾经描绘了一个 250 年达成使命的期限。他把 250 年分成 10 个时间段，第一个时段的 25 年，再分成 3 期，第一期的 10 年是致力于建设的时代；第二期的 10 年继续建设，并努力活动，称"活动时代"；第三期的 5 年，一边继续活动，一边以这些建设的设施和活动的成果贡献于社会，称"贡献时代"。第一时间段以后的 25 年，是下一代继续努力的时代，同样要建设、活动、贡献。如此一代一代传下去，直到第十个时间段，也就是 250 年以后，世间将不再有贫穷，而是变成一片"繁荣富庶的乐土。"

松下的这个 250 年规划，可以说是绝无仅有的，不仅在企业界未有先例，即使是那些赫赫有名的政治改革家，也没有多少人有这样宏伟的规划。松下的规划是梦想，而不是空想。时至今日，可以说他的梦想在一步一步实现着，而更为现实的是，松下的这种规划让每位员工都拥有了灿烂辉煌的梦想，从而提高了他们的工作热情和积极性，提高了工作效率，促进了企业的高速成长。这种目标激励所产生的巨大作用，是不可估量的。

谈到目标，我们经常会提到企业目标、团队目标与个人目标的统一，长期目标、中期目标、短期目标的有机结合，财务目标、业务目标与职能目标的有机结合。

（1）长期目标、中期目标与短期目标。大家知道，我们国家提出了两个一百年的奋斗目标："在新世纪新时代，经济和社会发展的战略目标是，到建党一百年时，全面建成小康社会；到新中国成立一百年时，全面建成社会主义现代化强国。"与此同时，我国还实施"五年规划"体系，全称为"中华人民共和国国民经济和社会发展五年规划纲要"，是中国国民经济计划的重要组成部分，属于国家层面的长期计划，从"一五"规划（1953～1957 年）到"十三五"规划（2016～2020 年），每隔 5 年出台一次，阐明国家战略意图，明确政府工作重点，引导市场主体行为。每次的"五年规划"除了明确提出指导思想之外，国家还会明确目标要求。另外，国家每年还会通过"两会"一方面对过去一年的政府工作进行总结，另一方面也会提出国家层面当年的相关目标。从两个一百年奋斗目标、五年规划到每年的"两会"，国家层面的目标越来越细化，目标周期也越来越短，从长期目标、中期目标到短期目标。

经营企业也是如此，企业愿景为全体员工描绘出了一副未来的美好蓝图，在确定愿景的同时，企业需要明确长期发展目标，虽然这些目标可能是比较宏观的。但在进行企业的发展战略规划的时候，提出的目标就相对会具体一些，这些目标当中主要以财务目标为主，发展战略中提出的目标我们可以理解为是企业中期目标。到了每年制订年度经营计划的时候，企业提出的目标就会更具体，这时候除了财务目标，还会有更加详细的业务目标和职能目标，同时还需要将企业目标分解为团队目标和个人目标，这些目标我们可以理解为是企业的短期目标。

为此，按时间的长短跨度区分，目标通常可以分为三类：长期目标、中期目标和短期目标（见图9-1）。目标设定的原则是长期目标足够大、中期目标有挑战、短期目标可实现。

① 长期目标，是指期望在 5 ～ 10 年或更长的时间内达到的一些目标，长期目标通常由企业的愿景决定的。

② 中期目标，是指期望在 3 ～ 5 年内达到的一些目标，中期目标通常由企业发展战略决定的。

③ 短期目标，是指期望在 1 年内达到的目标，短期目标通常全面又具体，短期目标通常由企业年度经营计划决定的。短期目标还需要按季、按月甚至按周、按天进行分解。

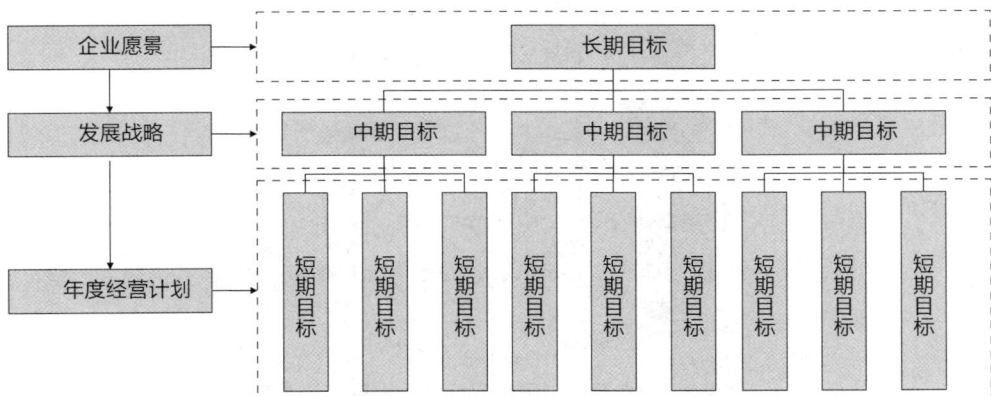

图9-1　长期目标、中期目标与短期目标的关系

（2）企业目标、团队目标与个人目标。企业是一个整体，根据价值链及"横向到边，纵向到底"的组织分工原则，企业内部可以分为市场营销、产品研发、供应链、财务投资、人力资源、综合管理等多个系统或中心，系统或中心内部又分为多个部门或项目组，如市场营销中心可以分为品牌部、市场部、销售部、商务部、客户服务部等，每个部门内部再分解为多个岗位，然后根据岗位工作复杂

程度和饱和程度明确需要什么样的人来做、需要多少人来做。这样层层分解就形成了庞杂的组织关系。

前文提到不论是长期目标、中期目标还是短期目标，这些目标都是针对企业整体而言的，企业还需要将这些整体目标分解到各个系统或中心、各部门再到各岗位，形成企业目标、团队目标和个人目标的有机整体，让大家各司其职、各负其责。

为此，根据目标的承担主体，我们将目标分为三类：企业目标、团队目标和个人目标。目标设置原则为企业目标谈"面"，团队目标谈"线"，个体目标谈"点"，这样就形成了"点——线——面"的整体目标体系。

由图 9-2 可以看得出来，企业理想的目标体系应该是企业目标与团队目标、个人目标之间是层层包含关系，个人目标支撑团队目标，团队目标支撑企业目标，也就是说企业目标实现了，团队目标就会实现，同时个人目标也就实现了。

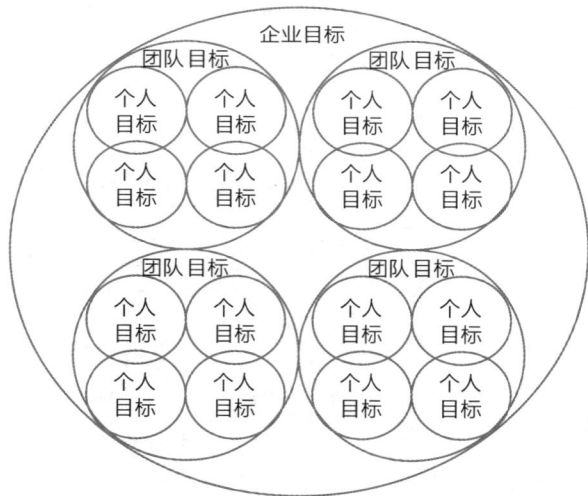

图9-2　企业目标、团队目标与个人目标的关系

（3）财务目标、业务目标与职能目标。根据迈克·波特价值链模型，企业内部的所有业务活动可以分为基本活动、支持活动。其中基本活动包括内部物流、生产、外部物流、市场营销和服务，对企业而言，这些基本活动是真正创造价值的经营活动，也就是我们通常所说的开源；除了基本活动之外，企业内部还有支持活动，包括采购、技术开发、人力资源管理、基础设施等，支持活动本身并不直接创造价值，但可以为企业降低成本和经营风险，我们将这些活动的价值称

之为节流。企业通过基本活动开源，通过支持活动节流，最终实现经营利润最大化。

由此，我们还把企业目标分为财务目标、业务目标和职能目标，其中财务目标衡量企业经营结果，如营业利润、净利润、销售收入等；业务目标衡量基本活动开展状况，如市场占有率、平均价格、客户满意度、订单准时交付率、生产计划达成率、新产品研发周期、新产品销售收入、新产品利润率等与核心业务直接相关的目标；职能目标衡量支持活动开展状况，如财务分析有效性、经营预算准确率、员工招聘计划达成率、培训合格率、员工满意度等。

我们通常根据目标性质将其分为财务目标、业务目标与职能目标，目标设置原则为财务目标看结果，业务目标重过程，职能目标提供支持，同时控制经营风险，只有这样才能确保企业持续、稳健地实现经营结果最大化。财务目标、业务目标与职能目标的关系见图 9-3。

图9-3　财务目标、业务目标与职能目标的关系

3. 目标激励原则

要想使目标对员工产生强烈的激励作用，成为"调动企业资源和能量以创造未来的手段"需要抓住以下几个核心原则（图 9-4）：

（1）目标的明确性。设立目标的目的是为了使所有人的行动能够尽量统一，让大家具有共同的努力方向，从而使行动的效果能达到最大化。这就必然要求目标的设置要明确，如果目标的设置不明确，很容易造成对目标的理解目标产生分歧，从而影响目标执行的效果。因此，在确定目标的时候一定要杜绝"也许、大概、差不多"等类似的目标出现。

（2）目标的一致性。要通过目标来激励员工为企业奋斗，归根结底是要让个人目标与组织目标保持高度一致。组织目标与个人目标可能是平衡一致的，但大多数情况下，二者会发生偏向，如果出现偏向，自然会导致一定的冲突发生，这就不利于员工积极性的调动，更加不利于组织目标的实现。

华为是这方面的佼佼者，任正非曾经说过：华为依靠十几万人数十年如一日聚焦在一个目标上持续奋斗，从没有动摇过，就如同在高压下从一个小孔喷出来的水可以切割钢板，才能取得今天的成就。我们要继续坚持"力出一孔，利出一孔"，聚焦管道战略，提高我们在世界上的核心竞争力。我们如果能坚持"力出一孔，利出一孔"，下一个倒下的就不会是华为。如果我们不甘倒下，那么我们就要团结一心，努力奋斗。

（3）目标实现的难度。目标的设定一定要具有挑战性，要通过付出更大的努力才能实现，但如果企业设置的目标对于员工而言竭尽全力也很难达成的话，这种目标对员工的激励性就会大打折扣，甚至起不到任何激励的作用，就如维克托·弗鲁姆期望理论中提到的，当期望率为零或者为负的时候，目标的激励性就出了问题。

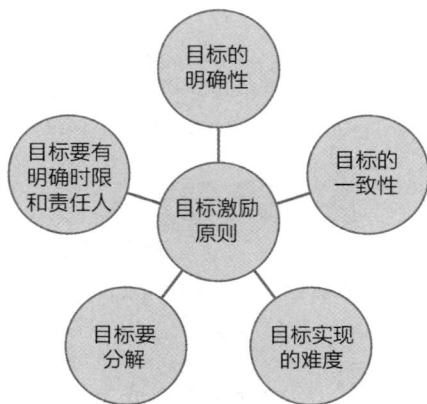

图9-4　目标激励原则

（4）目标要分解。从目标的时效性来看，既要有近期目标，又要有长期目标。只有长期目标，易使人产生渺茫感；只有近期目标，则使人目光短浅，其激励作用也会减少或不能维持长久。同样的道理，从目标的承担主体来看，也必须将企业目标分解为团队目标，团队目标分解为个人目标。因为只有企业目标，员工会觉得离自己太远，虚无缥缈；只有个人目标，会让人一叶障目，不识庐山真面目。所以，在制定目标时，要根据实际情况在目标的时间性上予以合理把握。

（5）目标要有明确的时限和责任人。人们对有明确期限要求和明确责任人的事情会全身心投入以期在期限内完成，而对没有确切期限和责任人的事情会无限期地拖下去，甚至被遗忘。因此，作为管理者，一旦要制定目标，就应给出一个具体的、明确的期限和责任，否则，你马上就会充分体会到管理学者帕金森的一条定律："工作会延伸到填满所有的时间"。因此，在用目标激励员工时，必须要对工作目标设定期限，并指定责任人，没有期限和责任人目标就永远达不到，也不会对员工产生积极地激励效果。

总之，在企业中目标就像航行中的灯塔，为航船指明前进方向，而灯塔能给航船以前进的精神鼓励。同样，没有目标的企业就如同失去了方向的航船，即使有最好的水手也毫无作用。在激励员工为企业奋斗时，管理者应该有一个明确的目标，并且为企业的每一个成员都制定一个定性、定量的目标，让员工的激情与能力能够有的放矢，这样就能充分地发动每一位员工为企业的整体目标奋斗。

二、目标激励体系设计

目标有长期目标、中期目标和短期目标之分，也有企业目标、团队目标和个人目标之别，还有财务目标、业务目标与职能目标之异，如何才能确定这些目标，同时对员工个人产生巨大的激励作用，让员工从宏观上认同企业目标，微观上将自己的实际工作与企业目标无缝衔接，以目标为导向，以目标实现为衡量自身价值的准绳呢？

1. 发展战略与目标

通常而言，发展战略是解决企业未来三年、五年，甚至更长时间的发展问题，相应地战略也会明确企业未来三年、五年，甚至更长时间的目标，发展战略通常确定企业中期目标以及相关财务目标，下面我们通过企业发展战略规划过程来看看企业中期发展目标是如何确定的（见图9-5）。

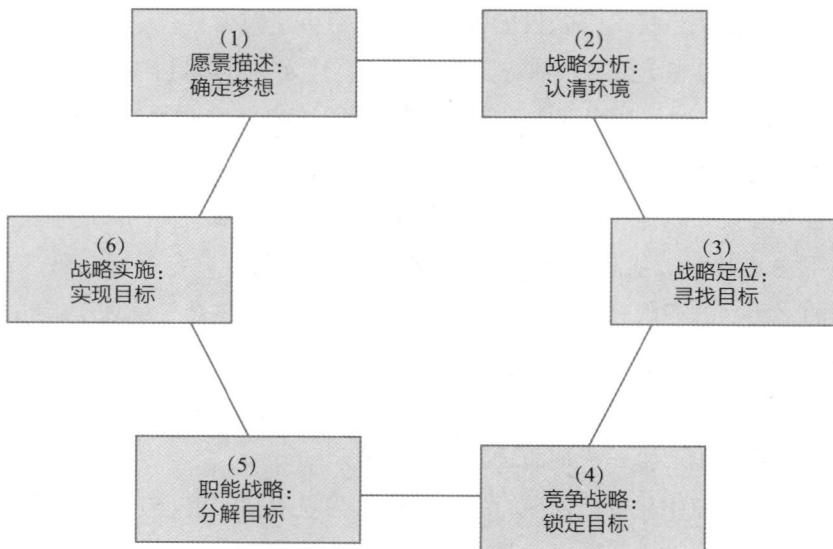

图9-5 发展战略与目标

（1）愿景描述：确定梦想。在任何企业，愿景就是企业的发展蓝图，是企业永远为之奋斗并期望达到的理想场景，愿景一旦确定，就需要企业全体成员将其作为终极目标去追求。愿景为企业明确了长期目标，愿景是企业进行战略规划的基础。

（2）战略分析：认清环境。愿景为企业描述了未来的发展场景，有了清晰的愿景描述（我们要成为什么？我们将走向哪里去？未来会成为什么样子？）之后，企业还必须客观分析面临的经营环境，认清自身所处的位置。美国领导力、营销和战略专家威廉·科恩认为，"在任何场合，企业的资源都不足以利用它所面对的所有机会或规避它所受到的所有威胁。因此，战略基本上就是一个资源配置的问题。成功的战略必须将主要的资源用于利用最有决定性的机会"。

环境分析分为企业外部环境分析和企业内部环境分析两种。外部环境分析让企业看清楚外部的机会与威胁，内部环境分析让企业认清自己的优势与劣势。

（3）战略定位：寻找目标。企业在对外部环境、内部环境进行客观分析之后，还需要将分析的结果用SWOT矩阵进行归集和再分析，为企业进行战略定位提供依据。

企业战略定位可以选择前向一体化、后向一体化、横向一体化、多元化、并购、剥离等。当然，企业还可以进行战略组合选择，但究竟是选择单一战略还是组合战略，这需要评估企业自身的资源状况，因为没有一家企业能够拥有足够的资源来选择和实施对其有益的所有战略。

战略定位帮助企业明确了目标选择的方向。

（4）竞争战略：锁定目标。战略定位清晰后，企业需要明确将进入的产业、区域、市场，明确自己的客户和产品选择，因为不同的选择背后的竞争环境和竞争对手是不同的。

竞争战略的确定需要秉承"锁定法则"。具体地说，就是要确定谁是主要竞争对手，找准重点、锁定目标，切不可草木皆兵，把所有的同行都当成自己的竞争对手。

清晰并成功地锁定竞争对手之后，企业就要采取出其不意、攻其不备等手段，确定自己的竞争战略。一般来讲，企业的竞争战略包括基础竞争（如规范化管理竞争）、条件竞争（如资源竞争）、市场竞争（如差异化市场）、人力资源竞争（如高激励、多通道发展）、标杆竞争（如学习竞争）、差异化竞争（如创新竞争、产品竞争、渠道竞争、客户资源竞争）、无差异竞争（如价格竞争）等。

竞争战略帮助企业锁定了目标描述的范围。

（5）职能战略：分解目标。彼得·德鲁克曾经说过：经营目标可以被比作轮船航行用的罗盘。即便罗盘是准确的，在实际航行中，轮船也可能偏离航线；然而，如果没有罗盘，航船既找不到它的港口，也不可能估算达到港口所需要的时间。可见目标对于企业战略实施和经营的重要性，没有目标的战略不能称之为战略，没有目标的企业就如脚踩西瓜皮，踩到哪里算哪里。

企业在战略实施的过程中，还需要对目标进行分解，比如新产品研发、生产制造及供应链、市场营销、财务投资、人力资源等，这就是我们通常所说的职能战略。

（6）战略实施：实现目标。公司战略目标分解完成后，战略管理过程还远没有结束，企业必须将战略意图转化为切实可行的战略行动，并规划这些行动实施需要具备的能力及条件，建立战略动态管理机制，定期组织对战略实施状况进行评价与衡量，才能确保战略有效实施，战略目标顺利实现。

2. 年度经营计划与目标

前文提到的发展战略为企业明确了中期目标，而接下来要说的年度经营计划则是帮助企业清晰地规划和描述年度经营目标，即短期目标。

年度经营计划通常需要确定企业短期目标、团队目标、个人目标以及年度财务目标、业务目标和职能目标，年度经营计划确定的目标更具可实施性。

对于任何一家企业而言，面对经济环境瞬息万变、新技术日新月异、电商翻云覆雨、替代产品层出不穷、竞争者蜂拥而至、投机者虎视眈眈、行业内群雄逐鹿的经营环境，很多时候是才入"蓝海"，很快又陷入了"红海"的漩涡，稍不留神，就会被历史的车轮碾得粉碎，如何才能保证企业长远的战略能够落地？唯有从眼前做起、从现在做起，以终为始，清晰规划和定义年度经营策略及目标，并确保每年都能严格按照经营计划执行，圆满实现年度经营目标，一步一个脚印，最终走向成功的彼岸。

在本人的拙作《年度经营计划制订与管理》中，将企业年度经营计划制订与管理分成六个步骤（见图9-6），下面我们就按照这六个步骤对企业年度经营目标的确定、分解、实施和评价过程加以说明。

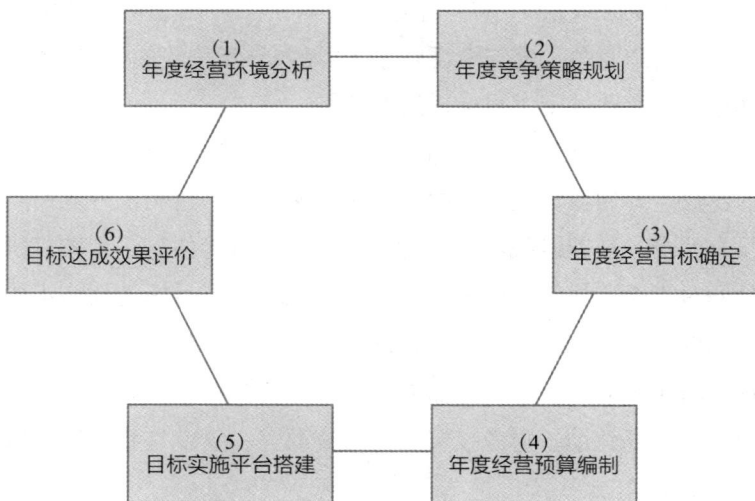

图9-6　年度经营计划与目标

（1）年度经营环境分析。与企业制订发展战略时需要对企业外部环境以及企业内部环境进行分析一样，企业在进行年度经营计划制订之前同样也需要对内、外部经营环境进行综合分析，但这些分析与制订发展战略时的分析有所不同，制订发展战略时的分析会更宏观，着眼长期性，而年度经营环境分析只聚焦于一个特定的经营年度，时间会比较短，也更微观一些。

（2）年度竞争策略规划。任何一家企业都不可能独立存在，也就是说，任何一家企业都会处于一个激烈的竞争环境之中，因此，根据行业特性识别行业关键成功因素，找准竞争对手，研究竞争对手的竞争策略，因地制宜地确定企业自身的年度竞争策略是很重要的。

（3）年度经营目标确定。在经过经营环境分析、竞争态势分析及竞争策略规划之后，就可以非常清楚地知晓企业在特定经营年度自身所处的经营及竞争环境，同时也清楚自身的优势、劣势以及如何参与竞争并取得最终的成功，这样企业便可以胸有成竹地进行年度经营目标的确定了。

企业年度经营目标的确定分为两个环节，分别为：

① 年度战略地图绘制。根据前面进行的年度经营环境分析及年度竞争策略规划结果，再结合公司发展战略规划内容，识别和筛选需要在当年实施的策略，并按照这些即将实施的策略绘制年度战略地图，如图 9-7 所示。

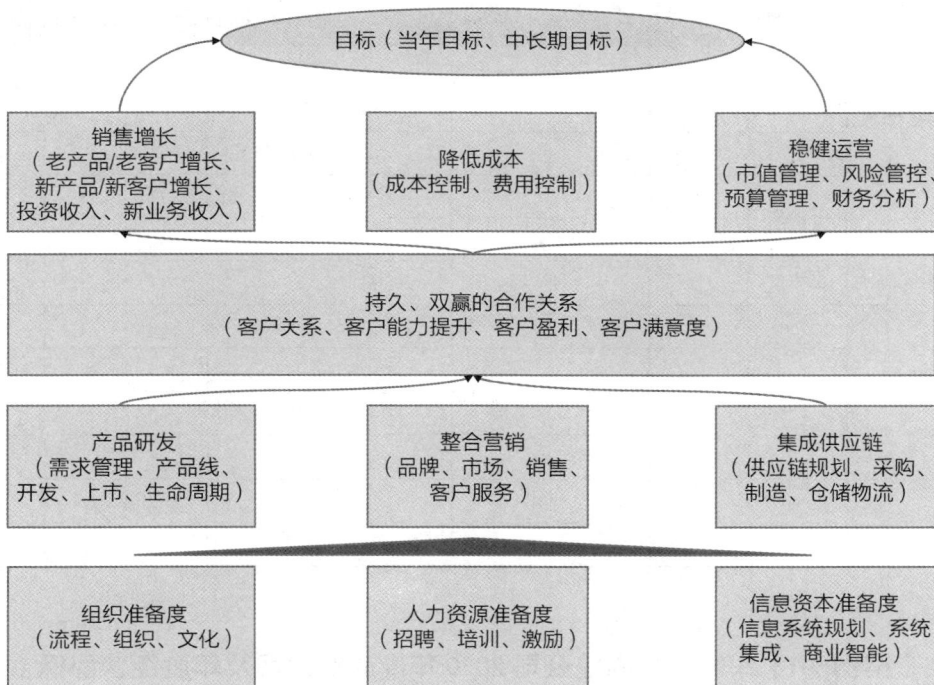

图9-7 战略地图（示意）

② 战略地图可以有效帮助企业建立系统的年度经营思维，从财务角度入手，引导企业分别从客户、内部流程、员工学习与成长等几个层面进行策略规划与落地，为了直观衡量战略地图这四个层面的问题，企业还需要对战略地图中每个战略主题进行衡量指标的选定和相应目标的确定。

　　为了直观衡量战略地图这四个层面的问题，罗伯特·S.卡普兰、戴维·P.诺顿提出了平衡计分卡理论，他们认为企业通常可以采用以下指标对四个层面进行评价与衡量，当然更需要根据当年的经营策略单独确定。

　　在平衡计分卡中（见表9-1），战略地图中的每个战略主题可能对应一个衡量指标，也有可能对应多个衡量指标，但每个指标都会对应一个年度目标，而且对每个目标都会有相应的责任主体，也就是说平衡计分卡中既确定了公司年度经营目标，同时也有各部门（团队）年度经营目标，同时这些目标既有财务目标，也有业务目标，还会有职能目标。

表9-1　平衡计分卡（示意）

战略主题类型	一级战略主题	二级战略主题	衡量指标	年度目标	责任主体					
					A部门	B部门	C部门	D部门	E部门	…
财务层面										
客户层面										
内部流程层面										
学习和成长层面										

　　【案例9-1】深圳彩虹物业公司2020年度战略地图及年度经营目标（见图9-8、表9-2）

　　深圳彩虹物业前身是母公司彩虹地产集团的物业部，由于集团战略调整，将物业部独立运作，彩虹物业在给母公司提供自有物业服务的同时，也大力向外拓展业务，另外也积极规划和延伸物业增值服务。

2020年实现收入18000万元，2025年实现收入35000万元

1. 收入稳定增长

1.1 自有物业费收入
1.2 外拓物业费收入
1.3 增值服务产品线规划、提升增值收入

2. 合理控制成本

2.1 降低单位能耗
2.2 合理控制设备设施维护、保洁绿化费用
2.3 合理控制行政和其他费用

3. 持续稳健运营

3.1 持续清欠
3.2 提升综合收费率
3.3 保持良好的外联关系

4. 构建温暖、持久、双赢的业主关系

4.1 与业委会保持紧密沟通和协作，实施业主满意度专项改善工程
4.2 社区文化体系建设，提升业主幸福感
4.3 创建全国物业100强品牌

5. 项目前置介入和交付

5.1 健全项目"建—销—交—运"一体化物管前期介入机制
5.2 健全工程整改机制

6. 安全、规范、标准化的服务品质

6.1 标准化、规范化服务体系落地
6.2 试点实施ISO 14001体系
6.3 持续完善安全生产教育、实施、稽核、评价机制

7. 组织、流程准备度

7.1 优化组织职位体系
7.2 系统梳理业务流程和落地督导评价机制
7.3 健全年度经营计划落地动态管理机制

8. 人力资源准备度

8.1 制定人才发展战略，实施人才梯队培养
8.2 完善培训体系，提升员工专业技能
8.3 健全与业绩匹配的员工激励、福利体系

9. 信息资本准备度

9.1 工程运维信息试点建设
9.2 智能化社区试点

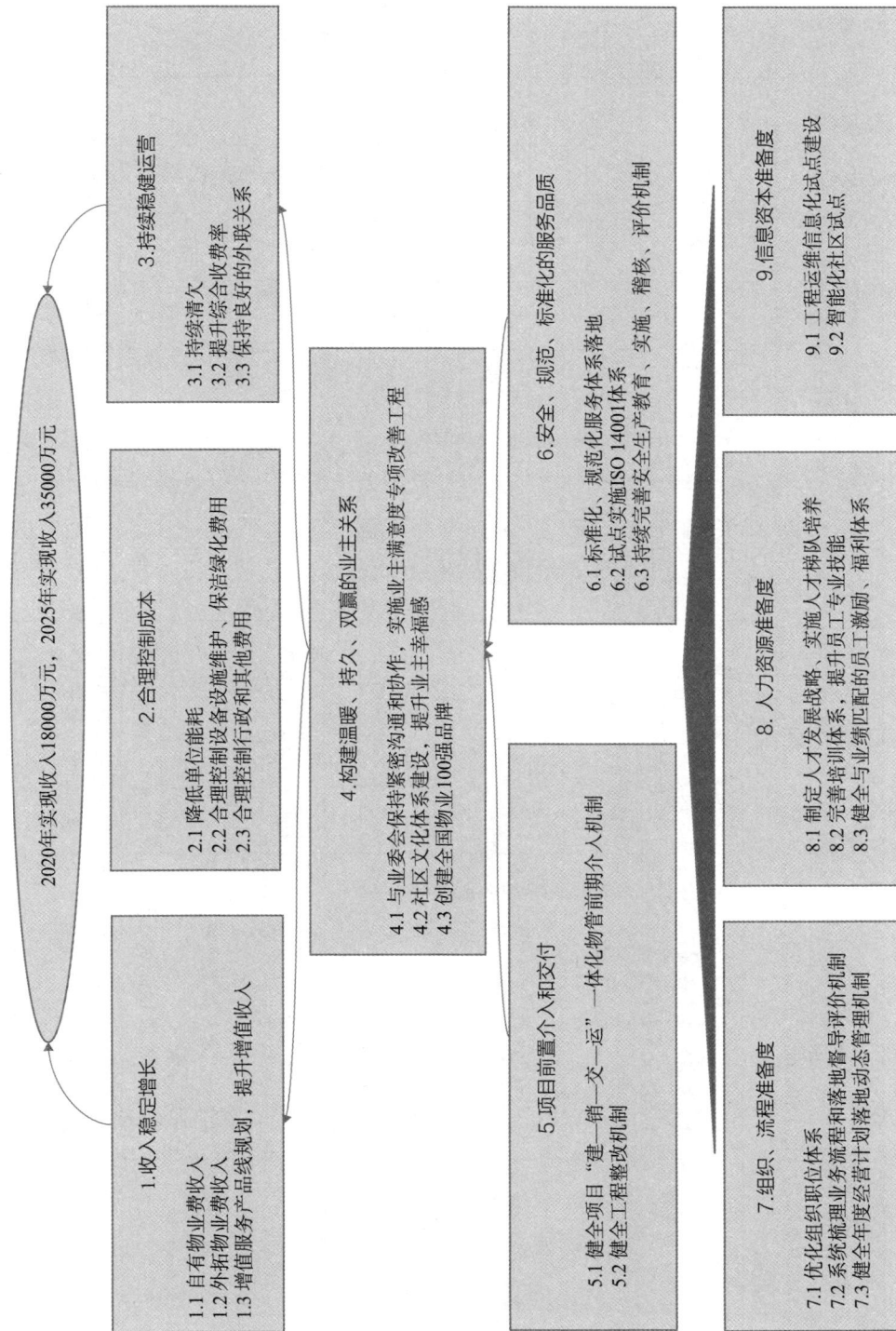

图9-8　深圳彩虹物业2020年度战略地图

表9-2　深圳彩虹物业2020年平衡计分卡

一级主题	二级主题	衡量指标	2020年度目标	计量单位	总经办	运营部	客服部	工程部	财务部	综合部
2020年实现收入18000万元，2025年实现35000万元	1.收入稳定增长	年度收入	≥18000	万元	✓					
		年度利润	≥1320万元	万元	✓					
	1.1 自有物业费收入	年度自有物业费收入	≥12000	万元		✓				
	1.2 外拓物业费收入	年度外拓物业费收入	≥4000	万元		✓				
	1.3 增值服务产品线规划，提升增值收入	年度增值产品收入	≥2000	万元		✓				
		增值服务产品项目个数	≥6	个				✓		
	2.合理控制成本									
	2.1 降低单位能耗	能耗费支出	≤4200	万元				✓		
		节能降耗控制率	≥3	%				✓		
	2.2 合理控制设备设施维护、保洁绿化费用	设备设施维护费	≤500	万元				✓		
		保洁绿化费用	≤650	万元			✓			
	2.3 合理控制行政和其他费用	其他费用	≤320	万元						✓
	3.持续稳健运营									
	3.1 持续清欠	综合欠费率	≤10	%		✓				
	3.2 提升综合收费率	综合收费率	≥92	%					✓	
	3.3 保持良好的外联关系	群诉群访事件	0	起			✓			
	4.构建温暖、持久、双赢的业主关系									
	4.1 与业委会保持紧密沟通和协作，实施业主满意度专项改善工程	客户满意度	≥92	分			✓			
	4.2 社区文化体系建设，提升业主幸福感	专项工作计划	100	%			✓			
	4.3 创建全国物业100强品牌	专项工作计划	100	%		✓				
	5.项目前置介入和交付									
	5.1 健全项目"建-销-交-运"一体化物管前期介入机制	建设资料合账率	≥90	%		✓				
		服务标准维价执行率	≥80	%		✓				
	5.2 健全工程整改机制	专项工作计划	100	%				✓		

续表

一级主题	二级主题	衡量指标	2020年度目标	计量单位	总经办	运营部	客服部	工程部	财务部	综合部
6.安全、规范、标准化的服务品质	6.1标准化、规范化服务体系落地	服务品质考评得分	≥95	分	√					
	6.2试点实施ISO14001体系	设备设施完好率	≥95	%				√		
		绿化完好覆盖率	≥95	%			√			
	6.3持续完善安全生产教育、实施、稽核、评价机制	体系通过审核日期	10月31日	日期		√				
		全年安全责任事故发生次数	0	次数				√		
		重大设备事故发生次数	0	次数						
7.组织、流程、备度	7.1优化组织职位体系	2020年组织职位体系发布时间	1月10日	日期						√
	7.2系统梳理业务流程和落地督导评价机制	流程与考核机制发布时间	3月31日	日期		√				
	7.3健全年度经营计划落地动态管理机制	专项工作计划	100	%	√					
8.人力资源准备度	8.1制定人才发展战略，实施人才梯队培养	完成时间	6月30日	日期						√
	8.2完善培训体系，提升员工专业技能	培训计划执行率	100	%						√
	8.3健全与业绩匹配的员工激励、福利体系	双向测评合格率	≥85	%						√
		公布完成时间	1月15日	日期						√
9.信息资本准备度	9.1工程运维信息化试点建设	试点信息化采集系统上线时间	6月30日	日期				√		
	9.2智能化社区试点	智能化社区规划提交时间	8月30日	日期		√				

（4）年度经营预算编制。通过战略地图和平衡计分卡确定了企业年度经营目标之后，还需要通过经营预算的编制来验证目标制订的合理性，因为对于任何一家企业而言，其经营的目的都是要追求效益最大化。

（5）目标实施平台搭建。根据多年的实践，我们把年度经营目标实施平台归结为四个方面，即流程、组织、成长、激励。

① 基于年度经营计划与目标的业务流程优化。根据每年经营环境及竞争态势，企业为了顺利实现年度经营目标可能会采取不同的经营策略，如何才能确保这些策略顺利落地实施，这就需要企业根据每项策略对相关流程进行优化。

② 基于年度经营计划与目标的组织体系建设。企业战略和年度经营计划不同，流程就不同，企业的组织体系也要进行相应的调整和变化，年度组织体系建设包括公司一级结构、部门二级结构、授权体系、定岗、定编、定员规划等工作。

③ 基于年度经营计划与目标的员工成长与发展体系建设。年度经营计划确定后，员工是关键。根据目标实现、策略实施及年度组织体系建设需要，建立和完成员工成长与发展体系是必不可少的，年度员工成长与发展体系建设包括职业发展通路、培训教育、培养发展等。

④ 基于年度经营计划与目标的员工激励体系建设。员工激励计划包括中高层员工的中长期股权激励计划、销售人员的激励计划、研发人员的激励计划、生产制造人员激励计划、中后台员工激励计划等，企业每年经营目标不同，实现经营目标的路径也会有异，导致年度经营目标实现的关键岗位也会不同，因此，针对年度经营目标及目标实现路径，识别关键员工并制订针对性的激励计划对于年度经营目标的实现至关重要。

（6）目标达成效果评价。年度经营目标确定后，企业还需要建立目标绩效管理体系，对每项财务目标、业务目标、职能目标的达成状况进行定期检核和评价，检核周期可以按周、按月，也可以按季，总之这对目标的达成是有保障作用的。

3. 目标分解

在年度平衡计分卡中，我们看到公司年度经营目标是从财务层面、客户层面、内部流程层面、学习与成长四个层面进行描述的，这些目标只是分解到了责任部门，为了保证目标责任明确，同时对员工产生激励作用，还需要对目标按时间维度、岗位维度进行细分，最终确保"千斤重担人人挑，人人肩上有目标"才算目标分解工作结束。

4. 签订目标责任书

目标责任制是通过对工作目标进行设计，将组织整体目标逐级分解、转换为部门目标最终落实到每一个员工身上。目标分解过程，权、责、利要分明、对称；目标方向要一致，环环相扣、相互配合，形成协调统一的目标体系。每位员工目标的完成，是企业完成整体目标的前提。

为了明确目标责任，让每个部门、每位员工都能时时刻刻清楚地记得自己的目标，与部门、员工签订目标责任书是一个比较好的做法，毕竟签了目标责任书就是对达成目标的一种承诺。

5. 目标评价与激励

估计大家对目标绩效管理体系都不陌生，目标绩效管理体系包括绩效指标体系、绩效管理架构、绩效管理手册等内容（见图9-9），其中，绩效指标体系明确目标分解方法以及确定衡量标准，绩效管理架构确定企业绩效管理方式，而绩效管理手册规定绩效评价方法、激励规则、激励方法等内容。

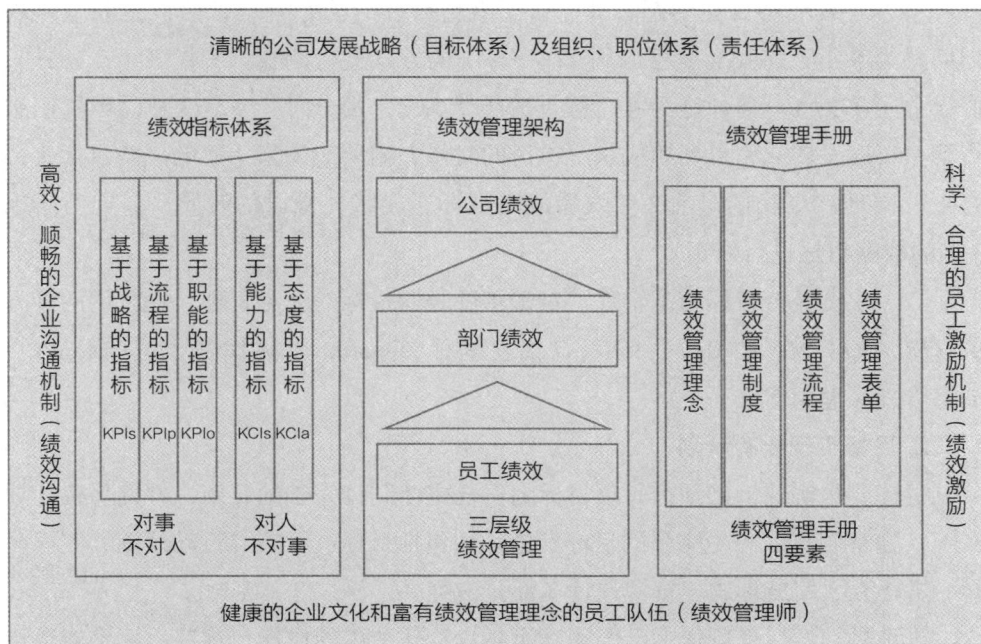

图9-9　目标绩效管理体系（示意）

三、目标激励体系管理

目标激励体系是一项比较复杂的激励系统，远到企业发展愿景，中到企业发展战略，近到企业年度经营计划都在谈目标；同时，上到整个企业，中到企业各个部门，下到企业每一位员工也都肩负目标责任；另外，不管是企业内部业务部门，还是职能部门也都要履行相应的职责，承担相应的目标，不论是从时间维度、空间维度，还是价值链维度，企业无时无刻不在制定目标、分解目标、实现目标以及进行目标评价，为了确保企业目标激励体系真正发挥激励员工的作用，有下面几点需要特别注意。

1. 目标需要动态管理

任何一项目标都不是一成不变的，因此根据实际经营环境及目标达成状况，学会对目标进行动态调整和管理是非常有必要的。

（1）发展战略目标动态管理。对于战略目标的动态管理，假设企业战略规划周期为 5 年，那我们就可以用 $Y/（5-Y）$ 的方式进行调整。Y 代表年（Year），假设分子 Y 为 1，则分母为 4；假设分子 Y 为 2，则分母为 3，这是说当我们进行第一年度发展战略目标达成状况检讨的时候，需要对未来 4 年的战略目标进行修正；同理，当我们对前 2 年发展战略目标达成状况检讨的时候，需要对未来 3 年的战略目标进行修正。

（2）年度经营目标动态管理。对于年度经营目标的动态管理，通常用两种方式，$Q/（4-Q）$、$M/（12-M）$，其中，Q 代表季度（Quarter），M 代表月度（Month），动态管理原理同 $Y/（5-Y）$。

2. 目标实现要有计划

目标要想实现，必须由每项目标的责任主体制订完善的计划，并确保按计划实施，通常而言，一份完整的目标实施计划包括目标、策略、行动计划、完成时间、责任人、完成标志、资源预计 7 部分内容。

（1）目标。目标责任书已经明确了各个责任主体的目标，这些目标可能是量化的，也有可能是非量化的，但不论怎样，明确目标才能切中要害。

（2）策略。策略是保证目标实现的方向，每项目标可能有一项或多项实施策略，策略是目标能够实现的关键，策略的选择需要把握 80/20 原则。

（3）行动计划。行动计划一定要遵守前面提到的 SMART 原则，计划项目必须具体、可实施、可以达到、与目标及策略相关。杜绝典型的中国式"模糊"管理，大家习惯于"也许、大概、差不多……"的管理风格，在日常工作中强调你好、我好、大家好，殊不知，对于企业经营和问题解决而言，无法量化就不能进行有效管理，不能量化的实施计划，只能沦为废纸。

（4）完成时间。在确定某项工作完成时间的时候，企业的习惯往往是只约定一个完成工作的时间点，但往往容易造成大家对这个时间点理解上的差异，有人会理解为开始时间，而有人会理解为结束时间，有人会理解为最早结束时间，而有人会理解为最迟结束时间，由于对时间理解的差异最终导致计划很难在既定或期望时间节点完成。关于时间的约定其实不仅仅只有一个节点，而是有四个节点，分别为最早开始时间、最迟开始时间、最早结束时间、最迟结束时间。由于很多计划项目之间会存在前后承接关系，有些计划项目必须是在前项计划项目结束后才能开始，所以在确定完成时间的时候必须综合考虑。

（5）责任人。计划责任人指在规定范围内，具体负责实施某项计划的人，该人既有管理权力，同时又要承担责任。根据我们的经验，关于工作计划责任人的指定需要注意以下几点：

① 每项计划只指定一个责任人，如果出现两个或多个人负责的计划项目，最好的做法是将计划项目再分解，直至达到每项计划只有一个负责人为止。

② 不要用部门名称、岗位名称代替责任人。很多企业在责任人指定方面总喜欢用 ×× 部、×× 岗位，其实这种表达方式并没有明确责任，因为 ×× 部会有经理、主管、专员，×× 岗位可能会有张三、李四或者王五，那么究竟谁去执行呢？

③ 在公司内部形成计划负责人制度。在公司内部宣导和逐渐培养计划负责人制度，明确计划负责人权限、责任和利益，在这方面企业可以将计划实施过程和结果统一纳入目标绩效管理体系，让负责人真正能够负起责任；也可以将计划执行与企业内部的积分制度结合起来。

④ 责任人确定一定要本着"谁的猴子谁背着"的原则，千万不要让本该是别人的猴子跳到自己的背上，同时也不能把自己背上的猴子放到别人背上。

（6）完成标志。计划完成标志有时候也称为里程碑，其实完成标志与里程碑之间是存在差异的。大家都知道里程碑原意是设置于公路整公里桩号处，用以计算里程和标志地点位置，在管理上，我们经常也拿"里程碑"来标识一项工作进展的关键节点，而完成标志是必须是一个问题解决完成之后的最终结果。

关于完成标志或者里程碑的设置也需要注意以下几点：

① 一项计划可以设一个里程碑，也可以设多个里程碑，但完成标志只有一个。

② 里程碑控制过程，完成标志衡量结果。

③ 里程碑可能是过程文件，也可能是时间节点，还可能是过程工作成果，而完成标志一定是计划项目最终达成的结果，可能是量化的目标，也可能是看得见、摸得着的工作成果。

（7）资源预计。完成一项工作计划项目，很多时候单靠责任人个人的力量是不能完成的，这时候就需要其他的资源，这些资源包括人、财、物、信息等。资源预计是工作计划当中很关键的一个环节，我们常说"巧妇难为无米之炊"，一个人再厉害，缺乏资源的投入与支持，很多时候也只能望洋兴叹！

3. 目标激励要有规划

目标本身对员工就有极强的引导和激励作用，但如果将目标实现结果与员工的其他激励挂钩，其激励效果会更加明显。目标结果应用如图 9-10 所示。

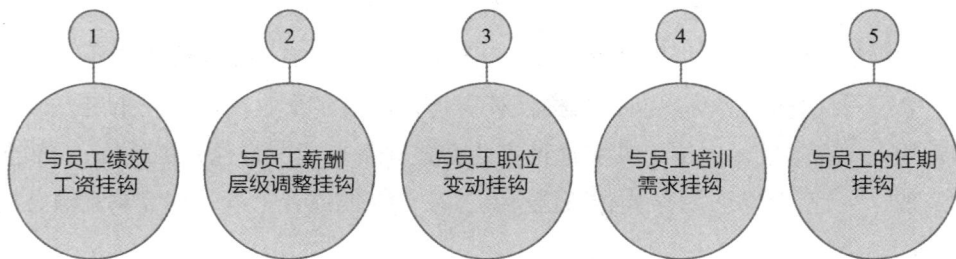

图9-10 目标结果应用

（1）与员工绩效工资挂钩。员工的绩效工资可以与企业目标、部门目标、员工个人目标的实现相结合，一方面引导全体员工共同关注公司目标、团队目标的顺利实现，强化团队意识，同时也体现个体对团队目标实现的贡献差异。

（2）与员工薪酬层级调整挂钩。在第二章中我们曾经提到，员工的薪酬层级每年都需要调整，分为薪酬层级晋升、薪酬层级降低、薪酬层级维持不变三种。

但究竟哪些员工的薪酬层级需要晋升、哪些员工的薪酬层级需要降低、哪些员工的薪酬层级维持不变，企业完全可以根据员工个人的目标达成状况来调整。

（3）与员工职位变动挂钩。员工职位的晋升、降级、调动、辞退等也需要参考员工个人的目标达成状况，让员工清晰地知道公司"能者上，平者让，庸者下"的用人理念。

（4）与员工培训需求挂钩。员工培训需求的调查和挖掘本身是一件比较难的事情，但如果与员工个人的目标达成结果分析结合起来就容易发现问题，导致员工目标达成不理想究竟是相关知识掌握不够，还是不具备相关技能，抑或是工作态度有问题，对症下药才能完全解决员工的"短板"，协助员工提升目标达成率。

（5）与员工的任期挂钩。当然，任何企业都主张以"结果为导向"，如果员工负责的相关目标达成效果不理想，就证明员工的价值发挥是有问题的，企业便可以与任期挂钩，即达到目标要求的员工可以晋升和连任，达不到目标要求的员工只能终止任期或另调他用。

第十章 情感激励

一、情感激励的核心

二、情感激励常见方法

三、情感激励管理

一、情感激励的核心

人是有情感的动物，人的喜怒哀乐、七情六欲都是天生的。从人的生物属性就可以看得出来，人天生就是追求"生"，追求"逸"，追求"贵"，追求"富"，追求"美"，追求"奖"，追求"乐"；同时抵制"死"，抵制"劳"，抵制"贱"，抵制"贫"，抵制"丑"，抵制"惩"，抵制"苦"，因此不论人的属性如何变化，一个人追求舒适、追求快乐、追求爱、追求赞美和尊重的需求是不会变的。

马斯洛的需求层次理论也告诉我们，一个人的需求是多元化的，包括生理需求（如吃饭、穿衣、住宅、医疗等）、安全需求（劳动安全、职业安全、生活稳定、希望免于灾难、希望未来有保障等）、社交需求（友情、信任、温暖、爱情等）、尊重需求、自我实现，这些需求当中大多也都与情感有关。

1. 什么是情感激励

我们把基于员工情感需求，管理者通过一些手段（沟通、鼓励、关怀、赞美、批评等），传达管理者的诚挚感情，增强管理者与员工之间的情感联系和思想沟通，形成融洽的工作氛围，更好地实现经营和管理目标的做法，称之为情感激励。

情感激励的目的就是要唤醒员工的心，让员工觉得自己在公司受到了尊重，让员工真正做到为企业奋斗，最终形成一个良性的循环，达到企业与员工"双赢"，甚至"多赢"的局面。

2. 情感激励的价值体现

管理者需要走进员工的情感世界，这样的管理者才能成为员工信赖的管理者；企业的管理制度和文件能够关注员工的情感需求，这样的管理才是有温度的管理。在员工可信赖并能感受到温暖的企业，员工的忠诚度才会更高、凝聚力才会更强、斗志才会更加饱满。

愿景激励、目标激励、情感激励作为员工精神激励的"三驾马车"，让员工超越对物质的需求，引导员工向更高层面的需求看齐，而情感激励在员工精神激励层面比愿景激励、目标激励更有激励性和普遍性，特别是对于一些低级别的员工而言，愿景激励、目标激励与他们的实际工作距离会稍远一些，但情感激励不同，它会让每一位员工都能感受得到，比如说有些公司提倡的赏识文化，哪怕是管理者给员工的一个微笑、一个点赞、一次首肯、一次轻拍肩膀、一份赞美邮件、一次共进午餐……都会让员工备感亲切。下面是情感激励价值体现（见图 10-1）。

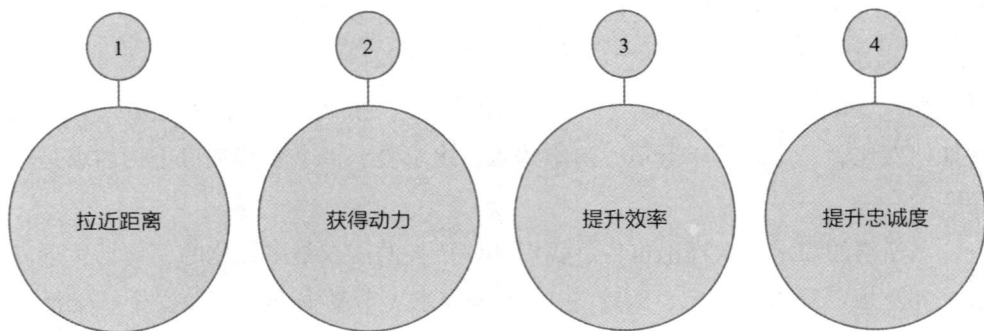

图10-1　情感激励价值体现

（1）情感激励可以消除管理者与员工之间的距离。我们经常形容一个团队和谐就会说"管理者和员工打成一片"，但如果管理者不关心下属的内心世界，又怎么能够"打成一片"呢？每位员工的性格特征、家庭背景不同，都会造成大家之间很难做到心与心的交流，因此，请各位管理者记住：想要拉近与员工之间的距离，唯一的办法就是走进员工的内心世界，时时刻刻掌握员工情感波动，并给予及时地引导，把员工变成"自己的人"。

（2）情感激励让员工获得工作的动力。简单地说，员工在企业工作是为了赚取适当的劳动回报，但除了优厚的报酬、光明的工作前景之外，每位员工也都会期望为一家充满人情味的企业尽心尽力，甚至有时为此可以接受并不算好的物质待遇。如果我们上面提到的诸如薪金、岗位等因素是激励员工的硬件，那么人性化的管理可以说是重要的软件。社会中最主要、最复杂的关系就是人与人的相处之道，能将形形色色的人聚拢到一起，本身就很不容易，更何况还要让他们为企业自愿贡献力量。为了达到后者的理想状态，科学的情感激励是不可缺少的。如果企业真能做到这一点，每位员工便会迸发出无穷的力量。

（3）情感激励可以提升员工工作效率。情绪的波动肯定会影响员工的工作质量与效率。道理很简单，如果让一个人愁眉苦脸地去做一件事情跟兴高采烈地去做同样的事情，工作质量肯定会不一样，工作效率也肯定相差很远，因此，及时了解员工情绪波动并加以引导，对提升员工工作效率会有很大的帮助。

（4）情感激励可以提升员工的忠诚度。在对员工满意度和敬业度调查的时候都会考虑人际关系、内部和谐度、员工关怀、沟通等涉及员工情感的调查维度，旨在发现和解决影响员工情感的问题点，可见影响员工情感的这些因素将会直接影响员工的忠诚度。我们通常所说的"进入公司，离开上司"就是说员工之所以选择公司是看中了企业的发展愿景、品牌影响力、行业口碑、硬件条件、成长空间、福利待遇、文化氛围等，但员工离开公司的原因往往是与上司之间的关系不融洽、未得到上司的肯定和尊重等。

3. 情感激励的核心

情感激励不同于物质激励，也不同于愿景激励、目标激励，情感激励的目的是及时引导员工消除消极情绪，保持高昂、积极的情绪状态面对职责内的每一件事情、对待每一位客户、每一位合作者，让大家都处于和谐、积极、乐观、融洽的工作氛围之中。下面是情感激励的核心（见图10-2）。

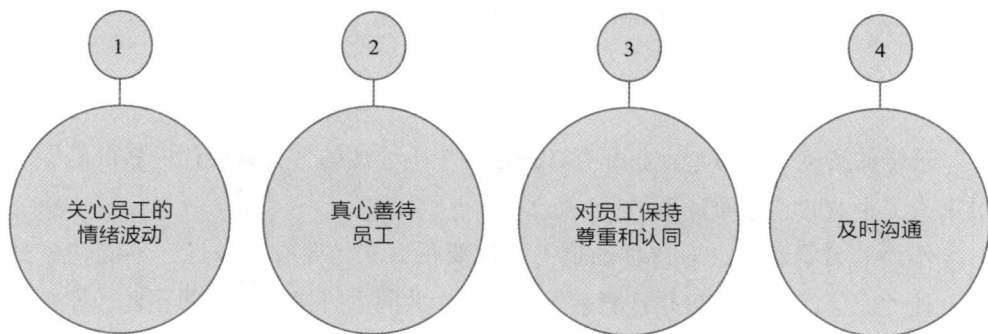

图10-2　情感激励的核心

（1）关心员工的情绪波动。情绪是一个人对外界刺激的主观、有意识的感受，具有心理和生理两方面的反应。当一个人面对正向刺激的时候，他可能表现出积极的情绪，面露喜色、开怀大笑、手舞足蹈都是积极情绪的表现；如果他面临负向刺激的时候，他可能会表现出消极、忧伤、惊恐，甚至悲痛的情绪，相应地就会表现出茶饭不思、闷闷不乐、痛心疾首、号啕大哭，甚至轻生、自杀等行为。情绪本无好坏之分，但由情绪引发的行为则有天壤之别，积极、乐观的情绪让员工快乐工作、快乐生活，而郁闷、消极的情绪会让员工对工作产生厌倦，进而应付工作。

作为一名管理者首先必须清楚情绪对员工及工作成果的影响，其次要学会随时关心员工情绪波动，及时采取相应措施加以引导。

（2）真心善待员工。有很多成功的企业，正是因为在善待员工这一方面做得很合理，使其积极性得到很大提高，员工们更加勤恳地工作，甘愿为企业奋斗，从而成就了企业。

某大型公司的一个清洁工，原本是最被人忽视、最被人看不起的角色，但就是这样一个人，在公司保险箱被窃时，与小偷进行了殊死搏斗，使公司避免了重大损失，一时在公司内部广为流传。事后，有人为他请功并问他动机时，答案却令人出乎意料。他说：当公司总经理从他身边经过时，总会不时地赞美他"你扫的地真干净！"。就这么一句简简单单的话，就使这位员工受到很大的感动，并能够"以身相许"。

其实管理有时就是这么"简单"，这位清洁工并没有受到重大的奖励，简单的沟通就建立起了双方之间的情感。当情感与理智一致时，情感就成为理智行为的推动力。

这样的案例估计每个企业都有，往往一个不经意的赞美就会让一名最基层的员工为了企业的利益而奋不顾身。

作为一名管理者，对待你的员工一定要很诚实，要有一致性，不能朝令夕改，让他们信任你，了解并且愿意为某一目标共同去打拼。作为领导者，你必须让员工在团队中工作时感到非常愉快，否则他们难以让客户感到愉快。要营造一种氛围，让员工自由发挥，这样他们会为公司作出一些贡献。

著名的心理学家阿弗瑞·艾德勒写过《生命对你的意义该是什么》一书，书中写道："凡不关心别人的人，必会在有生之年遭到大困难，并且大大伤害到其他人。也就是这种人，导致了人类的种种错失。"这其中的利害关系，足以让众多管理者警醒。善待员工不仅意味着给予员工应有的尊重和理解，还要注意创造员工和企业的相互信任关系，从而有利于增强团队凝聚力，提高劳动生产率。

（3）对员工保持尊重和认同。作为一个管理者，永远都不要觉得，因为你发给员工工资，所以你就拥有一切的决定权力。如果你依然执着于传统的通过工资作为抓手进行员工管理，而忽略员工的情感需求，那你还如何指望员工能够真心实意地热爱工作，并且心悦诚服地为企业奋斗？这就是为什么在如今这个竞争如此激烈的年代，一方面企业越来越需要员工具有奉献精神，而另一方面员工的奉献精神却稀罕得几乎成为神话。因为习惯性的功利化想法，欠缺了起码的人文尊重与关怀。

心理学认为人只有发自内心地愿意那样去做，才能发挥出最大的才能，否则都是应付而已。很多企业都在企业文化中强调"以人为本"，其实以人为本就是要把所有的人都视作公司大家庭中的一员，要公平地对待他们、爱他们，给予其情感上的满足。

英国作家威廉·詹姆士说过：人类本质中最殷切的需求就是渴望被肯定。所有人都希望别人知道自己的价值。所以，在工作中，作为管理者应经常给予员工最真诚的认同和肯定，要让他们时时感受到来自不同层面的重视，这正是一种尊重的体现。

我们可以想象得出，当员工确实地感受到尊重与认同，上下级之间的误解和隔阂便容易被打破，从而利于形成一种积极而和谐的人际关系，更能够增强企业的凝聚力和创新能力。让员工心悦诚服地为你奋斗便有可能成为现实。

（4）及时沟通。沟通是人与人之间情感的桥梁，企业内部的绝大多数工作是需要错综复杂的纵向、横向沟通来完成的，特别是部门目标的实现，更需要管理者与下属之间保持高效、顺畅地沟通。

4.情感激励原则

与愿景激励、目标激励一样，企业要想使情感激励达到应有的价值，需要遵守相应的原则（见图10-3），具体如下：

（1）及时性原则。员工的情绪随时都会发生变化，管理者与员工之间、员工与员工之间的情感状态也随时会发生变化，因此情感激励是最讲究及时性的，不论是对员工的肯定、赞美，还是批评都需要做到及时。

（2）开诚布公原则。情感激励的开诚布公原则不能简单地理解为在大庭广众之下或者公开场合进行，这里所指的开诚布公是指情感的沟通必须做到公开，而不是躲躲闪闪。

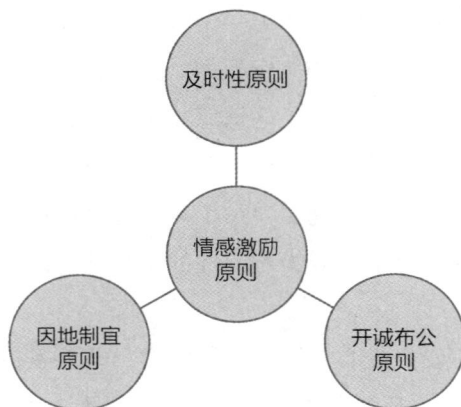

图10-3　情感激励原则

（3）因地制宜原则。每位员工的个性特征不同，不同时间的情绪波动很大，因此与员工进行情感交流的时候一定要做到针对不同的人，在其不同的情绪状态之下选择合适的沟通及激励方式，这样才能真正让情感激励起到作用。

二、情感激励常见方法

当在员工团队中情感有了多数的一致时，即有了共同的心理体验和表达方式，员工之间的感情追求便成为共同的需要，人际间的依恋性就会越来越强，集体的理解力、凝聚力、向心力就成为一种不可抗拒的精神力量，维护集体的责任感，甚至使命感根植于员工的意识之中了。所以，作为一名管理者要时刻关心和体贴员工，让员工能够感受到你的尊重与理解。下面是常见的情感激励方法（见图10-4）。

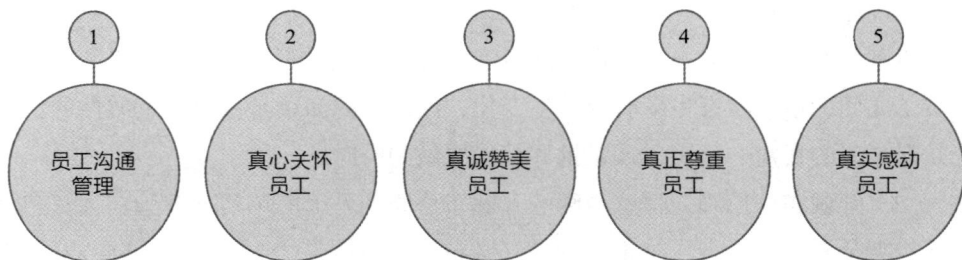

图10-4　情感激励方法

1. 员工沟通管理

员工情感激励最常见的方式就是与员工保持紧密沟通，套用两句广告语："沟通无极限""沟通无处不在"。生活本来就是由人与人的联系构成的。如果缺少了沟通，人们将是举步维艰。所谓"沟通"，就是通过信息和思想的交流达到认识上的一致，是人类特有的解决问题的手段。它对于管理者与员工之间保持良好的关系，从而调动员工的工作积极性，激励其为企业努力奋斗是至关重要的。情感激励的前提是沟通，沟通成功与否的标志就是双方是否达到认识上的一致，能否做到行动协调。在一个上下沟通良好的团队，员工就会具备团队精神，他们能够为企业的目标共同努力奋斗。

沟通对于企业能否正常运行起着至关重要的作用，我们应该努力创造一种沟通无限的工作氛围。在公司中营造一种自由开放、分享信息、人人平等的氛围。公司除了正式的、制度化的交流途径之外，管理者还要鼓励各种自发、非正式的交流沟通渠道。娓娓道来的谈心、头脑风暴式的讨论、亲情般的工作协调都将减少员工之间、部门之间的误解和隔阂，形成积极而和谐的人际关系，增强企业的凝聚力和创新能力。

（1）沟通使员工产生感情。就沟通的作用而言，企业与员工保持有效的沟通不仅能够迅速解决生产经营方面的问题，还能充分体现企业对员工的尊重与重视；员工也可借此了解企业内部有关政策以及生产、经营、管理、业务、培训、发展等状况，参与企业的管理决策，使员工感受到自己是公司的一员，而不仅仅是依令行事的"机器"，从而使员工认同企业的核心价值与发展理念，产生对企业的认同感和归属感。同时，沟通应该是开放的、双向的，能够增进管理者与员工之间的理解、尊重和感情的交流。所以，作为管理者，你不妨在紧张的工作之余走出办公室，到基层去，到你不经常接触的员工那里去微笑问候、嘘寒问暖，关心一下他们的工作和生活。

（2）沟通提升员工参与感。每个人都不期望自己只是工作的执行者，每个人都期望参与企业的经营决策，因此让员工尽可能地参与公司重大经营决策，诸如战略研讨、经营计划、客户投诉问题处理、重大质量问题处理等，一方面可以让员工知道这些决策背后的真相，另一方面对员工执行这些决策也会有很大的帮助；另外，企业也可以设置总经理信箱、合理化建议箱、员工座谈会等充分听取员工意见，让员工参与到企业的日常经营管理当中来。

（3）沟通可以统一员工思想。只有"心往一处想，劲往一处使"的时候才能办好事。同样，当企业做出一项决策或出台一项新政策时，由于所处的位置不同、利益不同、掌握信息的多少不同、知识经验不同，因而企业员工对决策和政策的态度是不一样的，这必然会影响到政策的执行。而作为管理者，面临这样的情况时，其主要任务就是通过沟通，使员工之间的价值冲突转化为价值认同，从而能够齐心协力地工作。

2. 真心关怀员工

现代管理的核心理念是"以人为本"。作为管理者和领导者，不但要能够开发人才、培养人才，更要能做到尊重人才、关心人才，在通过物质手段留住人才的同时，还要能够引起对方内心深处的共鸣。这就要求管理者要善于着眼于员工的情感，与下属进行思想沟通与情感交流。

（1）走到员工中间去。管理者无须花钱，只需要走到员工中间去，夸奖两句、赞美一下，对员工的辛苦付出给予肯定，这就会令员工感到振奋，他们往往会因此而加倍努力工作。或者花一些时间多与员工接触，这能令员工感到荣幸，会认为自己被器重、被赏识。另外，管理者还可以运用诸如赠送有特殊意义的礼物的方法，也许只是一张生日卡或一条领带，但聪明的管理者会亲自在上面写上自己的名字和温馨的祝语，并且郑重地送给员工。从花费上来说，这根本比不上颁发奖金的开销，但是，一旦你把它变成了一种荣誉的象征，对于员工来说，这便具有了不同寻常的价值。

（2）员工有困难时递给员工一只手。员工在实际工作中如遇到困难或需要管理者出面协调解决的问题，如果这时候管理者能在第一时间伸出援手，就会让员工感到心情舒畅。

（3）关心员工的家庭。适当的组织员工家人聚聚餐、给员工家人发发祝福、给员工父母拜年，甚至给员工家庭发些福利等，这些做法会让员工的家庭觉得自己的亲人工作在一个充满人情味的企业中，就越能为员工做好后勤保障工作。

3. 真诚赞美员工

身为一个管理人员，只要你稍加注意就会发觉值得赞美的事数不胜数，但是赞美也需要讲究一些技巧，才能达到预期的效果。

（1）让员工从赞美中获得自豪感。对比以下两种赞美员工的方式，你认为哪种赞美方式更有效？

其一,"我理解我们所有人做出的努力,我也知道我们面临的困难会很多,但我们的业绩提升了30%,大家的工作成绩一目了然,令人振奋。"

其二,"你们所做的工作确实对第三季度的利润有很大的帮助,我很满意你们的工作。"

面对同样的情形,你会用怎样的表达方式来称赞员工呢?都是赞美,但两种方式所产生的效果却大相径庭。前一种用"我们"这样的称呼无疑拉近了管理者与员工之间的距离,易产生亲切感。同时,一方面强调困难,一方面突出成绩,这体现出管理者是站在员工的角度和立场来看待问题,也让员工获得了成就感和满足感,这样一来,用称赞来激励员工的效果就完全达到了。而第二种赞美的效果会差一些,在第二种赞美中,管理者将自己与员工分成了"我"和"你们",让员工觉得管理者跟员工不是一伙的,另外员工的贡献到底有多大,没有量化表达,不容易让员工清晰地知道自己的贡献究竟是多少。

不可否认,在企业中,大多数员工都是在非常努力地工作,每位员工都希望自己的努力能够和团队、企业的成功连在一起,并参与企业的各种事务,管理者必须时时刻刻提醒自己,你的员工都是非常认真的,而且做得很好,你应该多花一些时间来赞美他们。但是,想要通过赞美来激励员工为企业奋斗,就一定要保证被称赞的人能够真正从赞美中获得充分的自豪感和满足感,切不可泛泛的、漫无目的、隔靴搔痒般地去赞美员工。

(2)赞美从细节开始。即使再小的努力、再微不足道的成绩,管理者都要给予适当的赞美,因为,哪怕只是一句简单的赞美的话,也会让员工觉得你在关注他。

(3)善于赞美员工的突出优势。管理者要学会观察和发现每一位员工独特的、有创新的事情作为赞美对象,这样的赞美会让员工觉得管理者很真诚。想要以这种方式来赞美员工,管理者就应该了解员工的性格,知道他们的优势与特点,抓住他们的心理,不失时机地鼓励,自然会有好的收效。而员工在自己引以为豪的东西得到肯定后,其满足感会胜过普通的赞美,有时甚至会视你为知己,他也会有更大的激情为企业奋斗。

(4)没有保留的赞美使员工更具信心。赞美要真诚,避免让员工觉得是敷衍。赞美一个人如果含有警告、条件或其他后果,那样只会让人心里反感,并不能收到鼓舞士气的作用。夸夸其谈或口若悬河的赞美是缺乏诚意的,这样做往往比保持沉默还要糟糕，管理者在称赞员工时，一定要发自内心地表达自己的想法，只有这样，才能真正俘获员工的心。

4. 真正尊重员工

管理者想要让员工为其忠诚地工作，就必须给予员工激励，其中最重要的莫过于尊重员工、善待员工。这就要求管理者注意以下几方面：

（1）与员工坦诚交流。正如迪斯尼大学总务长沙恩·哈伍德所说："如果你在前头耕犁，后头有人吆喝，你肯定无法忍受这种工作方式。你无法忍受别人站在一旁，对你的工作指手画脚。正确的做法应该是走上前，欢迎你的员工，比如灿烂的微笑，我相信这样一切都会进行得很顺利。"要想真正做到尊重员工，管理者必须身体力行，同时掌握与员工交流的方法，比如以建议的口吻与员工谈谈工作改进的方向，用"你认为这样做行吗？""你觉得这么办有没有问题？""如果让你来做，你会怎么做？""如果换一种方式，你还有什么好的建议？"等类似的方式将会使员工有一种被器重的感觉，并且能够使其对问题产生足够的重视。

（2）懂得给予员工面子。作为管理者，学会给足员工面子这一点很重要。

比如对于犯错误的员工，很多管理者会采用不冷静的处理方法，无情地剥掉员工的面子，伤害到员工的自尊。请记住，要懂得随时随地给员工一个台阶下，人的提高与进步是无数次教训的累积，失败是成功之母。在失败面前人的神经往往是脆弱的，这个时候，宽容绝对比批评更有用，在大庭广众之下更是如此。对待遭遇犯错误的员工要不失时机地为其提供下台阶的机会，用鼓励性的语言使其保持斗志。否则人人畏惧失败，害怕犯错，还会有谁愿意冒险尝试呢？"多做多错，少做少错，不做不错"的风气一旦形成，还有谁会愿意为企业打拼，而企业又会有什么发展前途呢？

再如，假设你的下属在接待一个客户，作为管理者的你走过去替你的下属给客户倒一杯茶，想想这样的场景，客户会怎么想？员工又会怎样想？

（3）让员工感到被重视。管理者想要激发员工就要给员工创造一种氛围，让他们感到自己是被重视和被认可的。尊重员工，会让员工产生无穷的力量。

作为管理者，可以运用一些小技巧，如将员工的名字常挂在嘴边，是使员工觉得他们重要的最有效的方法。特别是在一些大的公司，总经理记住了下属的名字对员工们来说，这带给他们心理上的满足与精神上的激励，远胜于发奖金。他们也会因此而更加自信自己在公司中发挥的作用，他们的工作热情继而也就被鼓动起来。

（4）把功劳归于员工。功劳对谁都是一种诱惑，它可以换来上级的嘉奖，同事的另眼相看，以及自我满足感和成就感，但功劳也可能成为危及人际关系的诱因。作为管理者，千万不要糊涂到通过占有他人的劳动成果，来增加借以表现自己的资本。也就是说，管理者一定要学会将功劳归于员工，而不是将员工的功劳据为己有。

5. 真实感动员工

情感激励的最高境界就是让员工感动，而要感动员工，管理者需要说让员工感动的话、做让员工感动的事、创造员工感动的氛围。大家也许看过由中央电视台一年一度播出的《感恩中国》栏目，自 2002 年第一期播出至今，每一年感动中国人物其实都是普普通通的平凡人，他们之所以感动观众，最重要的原因就是他们的故事都是真实的。

（1）说让员工感动的话。感动员工的话并不是煽情的话，相反，能够感动员工的话反而是真诚的话、走心的话、能戳中员工内心深处的话。

（2）做让员工感动的事。优秀员工评选、感动企业员工评选、十年功勋员工表彰、关爱员工父母、给员工过一个难忘的生日会、授权并充分信任、送给员工有意义的纪念品……都可以让员工感动。

（3）创造员工感动的氛围。能够让员工持续感动的不仅仅是一句感动的话，也不仅仅是做了一件让员工感动的事，更重要的是企业内部、团队内部需要创造和宣导一种感恩的氛围，让团队中的每一个人被感动的同时，去感恩身边的人。

三、情感激励管理

企业在设计和实施情感激励体系的时候，需要清楚情感激励要有原则和限度、情感激励的核心在于管理者、以目标为导向的情感激励效果会更明显等核心。

1. 情感激励要有原则和限度

情感激励就是在工作或生活中的一点一滴，充分与员工的感情沟通，关怀员工、赞美员工、尊重员工，让员工感动，使员工始终保持良好的情绪以激发员工的工作热情。当然，这种情感激励并不是超越原则和制度之外的，否则就变成了一种私人关系。因此在管理中要做到"无情制度、有情管理"，只有这样激励的作用才会更加明显。

（1）关注员工情绪不代表干预员工私生活。情感激励的基础是要求管理者时时刻刻关心员工的情绪波动，当员工被负面、低落情绪笼罩的时候需要及时加以引导和关心，这里需要管理者有一个度的把握，那就是不要干预员工的私生活。

（2）警惕将团队变成管理者个人"卫队"。企业内部倡导情感激励的时候，各级管理者是第一责任人，但在这里需要提醒的是千万要警惕让管理者利用与员工之间的和谐关系，将团队变成管理者个人的"卫队"。

2. 情感激励的核心在于管理者

对于一个企业来说，最为重要的财产是什么？不是资金，也不是厂房设备，而是拥有忠心耿耿、精诚团结、不惜为企业打拼的员工。所有的财富都是人创造出来的。机器设备只有在人的运用之下才可能创造出"奇迹"。所以，想要成为一个成功的管理者，当我们越来越执迷于追求充足的资金、先进的设备的时候，千万不要忘记，你最大的财富是你的员工。而你最需要做的就是用真诚的情感打动他们，激励他们为心悦诚服地为企业奋斗。当这笔财富真正地被你所利用的时候，成功就已经在向你招手了。

3. 以目标为导向的情感激励效果会更明显

管理者永远要记住：企业经营的本质是追求利润最大化。各种管理手段，包括激励方法最终都是要为企业经营目标的顺利达成服务，因此，企业在进行情感激励体系设计和实施的时候，一定要充分考虑企业、团队与员工的目标。

参考文献

［1］水藏玺.人力资源管理体系设计全程辅导［M］.3版.北京：中国经济出版社，2020.

［2］水藏玺.把自己打造成团队不可或缺的A级选手［M］.北京：中国经济出版社，2020.

［3］水藏玺，等.激励创造双赢：员工满意度管理8讲［M］.北京：中国经济出版社，2007.

［4］水藏玺.学管理 用管理 会管理［M］.北京：中国经济出版社，2016.

［5］水藏玺，吴平新.年度经营计划制订与管理［M］.3版.北京：中国经济出版社，2018.

［6］水藏玺，吴平新.高绩效工作法［M］.北京：中国纺织出版社，2019.

［7］蔡巍，姜定维，水藏玺.薪酬的真相［M］.北京：中华工商联合出版社，2011.

［8］水藏玺.培训促进成长［M］.北京：中国经济出版社，2005.

［9］水藏玺.不懂解决问题，怎么做管理［M］.北京：中国纺织出版社，2019.

［10］水藏玺.不懂流程再造，怎么做管理［M］.北京：中国纺织出版社有限公司，2019.

［11］郑指梁，吕永丰.合伙人制度：有效激励而不失控制权是怎样实现的［M］.北京：清华大学出版社，2017.

［12］单海洋.非上市公司股权激励实操手册［M］.北京：中信出版社，2017.

［13］陈春花.陈春花管理真言［M］.上海.东方出版中心，2018.

［14］唐华山，闵宪伟.激励员工不用钱［M］.北京.人民邮电出版社，2008.

［15］杨晓刚.股权激励一本通［M］.北京.人民邮电出版社，2017.

［16］丁伟华，陈金心.人治到法治：华为人力资源管理方法［M］.北京.机械工业出版社，2018.

［17］彼得·德鲁克.管理：使命、责任、实践（使命篇）［M］.陈驯，译.北京：机械工业出版社，2019.

［18］彼得·德鲁克.卓有成效的管理者［M］.许是祥，译.北京：机械工业出版社，2019.

［19］拉姆·查兰.持续增长：企业持续盈利的10大法宝［M］.邹怡，邢沛林，译.北京：机械工业出版社，2016.

［20］罗伯特·卡普兰，大卫·诺顿.平衡计分卡：化战略为行动［M］.刘俊勇，孙薇，译.广州：广东经济出版社，2004.

［21］弗雷德里克·赫茨伯格，等.赫茨伯格的双因素理论［M］.张湛，译.北京：中国人民大学出版社，2016.

［22］亚伯拉罕·马斯洛，等.马斯洛论管理［M］.邵冲，苏曼，译.北京：机械工业出版社，2013.

［23］道格拉斯·麦格雷戈.企业的人性面［M］.韩卉，译.杭州：浙江人民出版社，2017.

［24］加里·胡佛.愿景［M］.薛源，夏扬，译.北京：中信出版社，2008.

［25］约翰·米勒.问题背后的问题［M］.李津石，译.北京：电子工业出版社，2006.

［26］大卫·哈德.正向激励［M］.田金美，周斌，译.北京：中国友谊出版公司，2018.

［27］弗雷德里克·泰勒.科学管理原理［M］.马风才，译.北京：机械工业出版社，2014.

［28］弗雷德蒙德·马利克.管理：技艺之精髓［M］.刘斌，译.北京：机械工业出版社，2018.

［29］稻盛和夫.稻盛和夫谈经营：人才培养与企业传承［M］.叶瑜，译.北京：机械工业出版社，2017.

［30］彼得·詹森.激励核能［M］.王露瑶，译.北京：中国友谊出版公司，2018.

后 记

这本书写作期间，新型冠状病毒正肆虐全中国，特别是湖北省，数万人被感染。大家每天早上起床第一件事情就是拿出手机看看与前一日相比新增确诊数据、疑似病例数据的变化，从刚开始的恐慌、无助，到后来看到痊愈的人数在不断增加，而新增确诊数据、疑似数据不断下降，大家紧张的心理才逐渐平复。

在这段时间，有很多镜头、很多人给我们留下了深刻的印象，为了尽快控制疫情，耄耋老人钟南山院士再次临危受命奔赴一线、武汉金银潭医院院长张定宇身患渐冻症还拖着疲惫的身子坚守岗位、夜以继日赶工期的火神山医院建设者、全国各地支援湖北的"逆行者"、不断穿梭不同疫情中心的新闻记者、快递小哥，还有许许多多为这次疫情防治奉献出自己生命的人们……我们不禁要问：是什么力量支撑这些人放弃春节与家人团聚、冒着生命危险奔赴疫情前线？是信仰的力量，是中国梦的力量，是中华民族伟大复兴的力量。

另外，在这段时间，我们看到很多企业为了解决国家困难、员工后顾之忧，尽快恢复生产，提出不裁员、不减员、不降薪，这些企业家又是怎样的胸襟。

我相信，这就是激励的力量，而且是最高境界的激励——自我激励的力量，当一个人已经把个人得失与生死置之度外的时候，这种自我激励力量是无穷的，企业的生存与发展需要这种力量，国家的安宁与发展也需要这种力量，时代的进步和发展更需要这种力量！

在近20年的咨询生涯中，有幸为超过1200家企业提供咨询和培训服务，也有幸结识了许许多多为了推动社会科技进步、行业健康发展、企业可持续经营的企业家、企业高层和基层员工，他们的乐观、敬业、执着、严谨的精神始终激励着我一直坚守在咨询行业，为"持续提升客户经营业绩"的事业愿景奋斗。

在本书出版之际，我要感谢这么多年一直给予支持和帮助，并一直激励着我的人们，他们是（排名不分先后）：

重庆国瑞集团董事长肖基成先生；

浙江三禾锅具董事长方成先生、人力资源总监徐林先生；

广州暨大美塑董事长夏黎名先生、总经理傅家櫵先生；

珠海天威飞马董事长贺良梅先生、总经理郑玉霞女士；

珠海天威新材总经理田永忠先生；

深圳高科控股董事长赵首先生；

兰州宝丰实业董事长马宝玉先生、总经理任向阳先生；

吉安庐陵人文谷董事长陈万洵先生；

北广科技总经理徐江伟先生、副总经理任婕女士；

北京东方之星幼儿教育科技股份有限公司总裁杨文泽先生、事业部总经理杨有辉女士、研究院院长刘卿女士、人力资源总监王双荣女士；

山东质德农牧集团总裁翟长信先生、副总裁孙建荣先生、副总裁朱全生先生；

江苏神王钢缆集团董事长黄伟良先生；

东莞清源环保总经理赵勉女士；

深圳前海投控企管部长宋毅晖先生；

欧堡纺织总经理谢斌先生；

鼎阳科技财务总监刘厚军先生；

江苏国茂减速机股份有限公司总经理徐彬先生、副总经理孔东华先生、人力资源部部长黄晓英女士；

南方轴承总经理姜宗成先生、副总经理史伟女士；

鸿普森科技副总经理袁菲女士；

天津中环系统总经理丁金蝉女士；

宏大电气总经理顾仁先生；

高斯贝尔总经理游宗杰先生、人力资源总监魏宏雯女士；

珠海全宝科技徐建华先生、副总经理李敏女士；

南昌鸿基房产董事长辜国华先生、副总裁文静女士；

佛山创意产业园董事长邱代伦先生、副总经理张莹女士；

金溢科技董事长罗瑞发先生、副总裁甘云龙先生；

广州房博士总裁孙敏女士、副总裁陈晓崇女士；

深圳中进国际总裁乔峥女士；

浙江金凯德集团陈利新先生、营销副总金海航先生；

庆美集团董事长熊福章先生；

万润科技总裁罗明先生、财务总监卿北军先生；

云南招标总经理徐瑞川先生、副总经理赵贵梅女士、副总经理汪雷先生；

苏州新机电总经理张建伟先生、副总经理游黎萍女士；

南京公路科学研究所所长徐全珍女士；

泛亚人力董事长靳站兵先生；

深圳恒之源电器董事长李明奎先生；

3ZU 足装秀董事长董其良先生、总经理金培娟女士、副总经理刘宪民先生；

朵唯女性手机董事长何明寿先生、财务总监张梅女士、研发总监杨秋平先生、项目总监杨迥智先生；

深圳鸿福泰总经理樊文劲先生；

玉溪矿业大红山铜矿经营副矿长李沛丰先生、人力资源主任姬祥云先生；

名雕装饰总经理林金成先生；

潍坊怡家酒店董事长王佃辉先生；

辽宁甜如蜜马梓乘先生；

华孚色纺董事长孙伟挺先生；

益康集团董事长郭建忠先生；

龙源鞋业董事长、龙岗鞋业商会会长张再军先生；

……

另外，还要感谢《不懂解决问题，怎么做管理》《不懂流程再造，怎么做管理》的广大读者朋友，是你们的鼓励让我有勇气继续《不懂×××，怎么做管理》丛书的写作，期望未来能有更多、更好的内容呈现给大家，也期望与大家继续沟通与交流。

自 2002 年以来，我每天坚持从 22：00 到次日凌晨 2：00 写作。特别是这本书，在疫情的肆虐中坚持写作，印象更加深刻，看到文字在键盘下闪烁，自己思想的火花逐渐沉淀并成形，备感欣慰。

最后，我还要真诚地感谢我的同事，在与大家共事并推动"持续提升客户经营业绩"的事业愿景过程中，我们砥砺前行，相信通过我们的努力，客户的梦想一定会实现，我们的梦想也一定会实现！

水藏玺
2020 年 2 月于深圳前海

附　录

本书案例来源及技术支持

信睿咨询　　　　　　　南粤商学　　　　　　　CPIO 协会

信睿咨询　信睿咨询是由国内知名管理专家水藏玺先生、吴平新发起，以"持续提升客户经营业绩"为追求目标，始终坚持"以客为尊，以德为先"的经营理念。结合十多年理论研究与企业实践，信睿咨询率先开创性地提出了"SMART—EOS 企业经营系统"理论，信睿咨询认为，企业的任何一项经营活动和管理行为都必须以提升企业市值为准绳。同时，在与客户合作模式方面，信睿咨询提出的"与客户结婚"和"咨询零收费"模式开创了国内咨询行业全新的商业模式。

南粤商学　南粤商学是由国内知名管理专家水藏玺、张少勇等为核心发起人，联合近 300 位优秀企业家及企业高级管理者，以"信睿 SMART—EOS 企业经营系统"为理论基础，以"拓展管理视野"为使命，传播南粤（广州以南，珠江两岸）优秀企业管理经验，推动中国企业提升管理能力，怀揣"管理报国，利润报企，幸福报民"的理想，旨在帮助中国企业实现管理升级，为早日实现"中国梦"而努力。

CPIO 协会　深圳首席流程创新官协会（Chief Process Innovation Officer，简称 CPIO）是由国内知名管理专家水藏玺、张少勇、王剑等人发起，旨在帮助企业打造一批优秀的 CPIO。

CPIO 的工作职责覆盖首席信息官（Chief Information Officer，CIO）、首席创新官（Chief Innovation Officer，CIO）和首席流程官（Chief Process Officer，CPO）的范畴，优秀的 CPIO 是企业经营系统升级的主要推动者和责任承担者。

目前，首席流程创新官协会在深圳、苏州、佛山、珠海等地设有分会。

水藏玺作品集

序号	书名	出版社	出版时间
1	吹口哨的黄牛：以薪酬留住人才	京华出版社	2003
2	金色降落伞：基于战略的组织设计	中国经济出版社	2004
3	睁开眼睛摸大象：岗位价值评估六步法	中国经济出版社	2004
4	管理咨询35种经典工具	中国经济出版社	2005
5	看好自己的文件夹：企业知识管理的精髓	中国经济出版社	2005
6	绩效指标词典	中国经济出版社	2005
7	培训促进成长	中国经济出版社	2005
8	拿多少，业绩说了算	京华出版社	2005
9	成功向左、失败向右：在企业的十字路口如何正确决策	中国经济出版社	2006
10	激励创造双赢：员工满意度管理8讲	中国经济出版社	2007
11	人力资源管理最重要的5个工具	广东经济出版社	2008
12	人力资源管理体系设计全程辅导（第1版）	中国经济出版社	2008
13	企业流程优化与再造实例解读（第1版）	中国经济出版社	2008
14	金牌班组长团队管理	广东经济出版社	2009

续表

序号	书名	出版社	出版时间
15	薪酬的真相	中华工商联出版社	2011
16	流程优化与再造：实践、实务、实例（第2版）	中国经济出版社	2011
17	管理成熟度评价理论与方法	中国经济出版社	2012
18	流程优化与再造（第3版）	中国经济出版社	2013
19	定工资的学问	立信会计出版社	2014
20	互联网时代业务流程再造（第4版）	中国经济出版社	2015
21	管理就是解决问题	中国纺织出版社	2015
22	年度经营计划管理实务（第1版）	中国经济出版社	2015
23	学管理 用管理 会管理	中国经济出版社	2016
24	人力资源就该这样做	广东经济出版社	2016
25	人力资源管理体系设计全程辅导（第2版）	中国纺织出版社	2016
26	互联网+：电商采购·库存·物流管理实务	中国纺织出版社	2016
27	年度经营计划制订与管理（第2版）	中国经济出版社	2016
28	班组长基础管理培训教程	化学工业出版社	2016
29	互联网+：中外电商发展路线图	中国纺织出版社	2017
30	石油与化工安全管理必读	化学工业出版社	2018
31	年度经营计划制订与管理（第3版）	中国经济出版社	2018

续表

序号	书名	出版社	出版时间
32	不懂解决问题，怎么做管理	中国纺织出版社	2019
33	高绩效工作法	中国纺织出版社	2019
34	业务流程再造（第5版）	中国经济出版社	2019
35	能力素质模型开发与应用	中国经济出版社	2019
36	不懂流程再造，怎么做管理	中国纺织出版社有限公司	2019
37	把自己打造成团队不可或缺的A级选手	中国经济出版社	2020
38	人力资源管理体系设计全程辅导（第3版）	中国经济出版社	2020
39	不懂激励员工，怎么做管理	中国纺织出版社有限公司	2021
40	不懂带领团队，怎么做管理	中国纺织出版社有限公司	2021